Index

ㄱ

간장게장 ···· 102
갈비 ···· 60
갈치국 ···· 223
감자탕 ···· 62
고래요리 ···· 223
곰탕 ···· 64
곱창 ···· 66
국밥 ···· 14
기사식당 ···· 223
김밥 ···· 16
김치말이 ···· 223
김치찌개 ···· 18
꼬리찜 ···· 223
꽃게찜 ···· 223

ㄴ

낙지 ···· 104
냉면 ···· 134

ㄷ

닭곰탕 ···· 223
닭발 ···· 223
닭볶음탕 ···· 223
닭칼국수 ···· 223
닭꼬치 ···· 223
대구탕 ···· 106
도가니탕 ···· 223
돈가스 ···· 200
동태국 ···· 223
된장찌개 ···· 20
돼지갈비 ···· 70
돼지고기구이 ···· 72
딤섬 ···· 212
떡 ···· 223
떡갈비 ···· 223
떡볶이 ···· 22

ㄹ

라면 ···· 138

ㅁ

막국수 ···· 140
만두 ···· 24
멍게젓비빔밥 ···· 223
메밀국수 ···· 142

ㅂ

배춧국 ···· 223
백반 ···· 26
백숙 ···· 223
보신탕 ···· 224
보쌈 ···· 74
복어 ···· 108
부대찌개 ···· 28
분식 ···· 30
불고기 ···· 78
브런치 ···· 181
비빔밥 ···· 34
빵 ···· 224

ㅅ

사찰음식 ···· 224
삼계탕 ···· 80
샤부샤부 ···· 82
샌드위치 ···· 183
생태찌개 ···· 112
설렁탕 ···· 84
쇠고기구이 ···· 86

Index

수제비 ···· 36
순대 ···· 38
순두부 ···· 40
스테이크 ···· 90
쌈밥 ···· 42

ㅇ

아귀찜 ···· 114
에스닉푸드 ···· 169
오리고기 ···· 92
오삼불고기 ···· 224
우동 ···· 146
육개장 ···· 224
육회 ···· 224
이자카야 메뉴 ···· 204
이탈리안 푸드 ···· 186
인도 정통 요리 ···· 193
일본 라멘 ···· 148

ㅈ

자장면 ···· 150
잡어회 ···· 116
장어 요리 ···· 120
제육볶음 ···· 224

족발 ···· 94
주꾸미 ···· 122
죽 ···· 44
중국 만두 ···· 210
중식 ···· 207
짬뽕 ···· 154
찜닭 ···· 224

ㅊ

채식 메뉴 ···· 172
청국장 ···· 48
초밥 ···· 197
추어탕 ···· 124
치킨 ···· 98

ㅋ

카이세키 요리 ···· 202
칼국수 ···· 156
커리 ···· 191
커피 ···· 176
콩국수 ···· 158
콩나물국밥 ···· 50

ㅌ

타이 요리 ···· 216

ㅍ

파스타 ···· 162
팥빙수 ···· 225
프렌치 푸드 ···· 220

ㅎ

한식 국수 ···· 164
한정식 ···· 54
해물탕 ···· 128
해신탕 ···· 225
해장국 ···· 56
햄버거 ···· 178
홍어 요리 ···· 130
홍합밥 ···· 225

차 속에, 책상 위에 상비하는 음식 지도책 **서울**

맛집
내비게이션

김도연 지음

펼치기 전에

오늘은 또 뭘 먹으러 가지?
차 속에, 책상 위에 상비하는 「맛집 내비게이션」

맛집에 간다는 것은 일종의 여행이다. 우리가 여행을 떠날 때는 약간의 긴장과 여유 그리고 낯선 것에 대한 동경을 느낀다. 이와 마찬가지로 맛집에 갈 때도 많은 생각과 느낌이 동반되지만 가보고 나서 느끼는 것은 개인마다 천차만별이다. 소문대로 자기 입맛에 맞을 수도 있지만 어떤 때는 두 번 다시 방문하고 싶지 않은 곳도 있다. 하지만 그것도 좋은 경험이 아닐까? 우리가 세상을 살면서 좋은 사람만 만날 수 없듯이 맛없는 음식에 실망해봐야 맛있고 정성스런 음식을 내는 주인장의 노고를 알 수 있을 테니 말이다.

기획자로서 저자로서 그리고 맛있는 것을 좋아하는 '즐식가'로서 서울의 맛집을 모두 묶어 보겠다는 매우 번거로운(?) 결심을 하고 말았다. 그 후 1년여를 이 일에 매달렸다. 이전까지, 소위 전문가나 맛집 블로거 혹은 기자들이 쏟아놓은 개인적 주관에 따른 정보보다는 가장 대중적이면서 소문난 맛집을 소개하고 싶다는 데 기획의 초점이 맞춰졌다.

FOOD

직장인들의 한 끼 점심을 위해, 가족들과의 외식을 위해, 혹은 특별한 만남을 위해… 버릇처럼 묻게 되는 것은 역시나 "뭐 먹으러 가지?" 하는 말이 아닐까?

바로 그 점에 포인트를 두고 메뉴별 맛집 리스트를 구성했다. 가격이나 위치는 전혀 고려하지 않았다. 서울이라는 지역적 공간이면 누구나 갈 수 있고, 또한 가격도 천차만별이어서 개인의 주머니 사정에 맞게 골라볼 수 있겠다. 앞서도 언급했듯이 이 책은 개인의 주관적 입맛을 철저히 배제하고, 가장 객관적인 자료들을 중심으로 구성했다.

자료는 맛집 관련 서적, 맛집 관련 언론 기사, 맛집 관련 블로그를 기반으로 가장 노출빈도가 높은 곳을 위주로 했다. 자료를 찾고 선별해내는 데 근 1년 가까이 걸렸는데 그 이유는 객관성을 상실한 광고성 자료가 지나치게 많았기 때문이다. 언론 기사는 프랜차이즈 관련 광고성 기사가 대부분이었고, 블로거들은 맛에 대한 편협성과 해당 음식에 대한 지식 없이 단순히 서비스 하나만을 가지고 전체를 평가하는 우를 범하는 경우가 많았기 때문이다.

개중에는 과거에는 유명했지만 현재는 맛이 변했다는 평가를 받는 곳도 있다. 하지만 그 역시도 주관적 판단에 따른 경우이거나 혹은 경쟁

업소들의 방해공작이 곁들여진 결과일 수도 있기 때문에 그 정확한 검증은 독자 개개인에게 맡기기로 한다.

어쩌면 다소 불친절한 책이라고 말할지도 모르겠다. 지도와 약도를 생략했다는 점, 영업시간과 휴일, 주차 등의 세밀한 정보들도 곁들이지 않았으니 말이다. 그럼에도 불구하고 메뉴별 리스트를 통해 뭘 먹을지를 결정하고 나면 소개된 맛집을 골라 전화 한 통 걸어보는 수고쯤은 독자들의 몫으로 남겨 두었다.

그러나 무엇보다 최고의 맛집만을 집대성했다는 자부심으로 이 책을 마무리했다고 자신한다. 지나치게 친절한 정보로 지면을 채우기보다는 더 많은 맛집 리스트를 소개하고 싶은 마음에서였음을 독자들께서도 이해하시리라 믿는다.

책상 위에, 핸드백에, 자동차에… 가장 손닿기 쉬운 곳에 상비 약품처럼 놓아두고, 오래오래 아껴가며 활용하는 책이 되기를 진심으로 바란다.

김도연

⊙ 참고 서적(무순)

블루리본 서베이 서울의 레스토랑 2008 | 침 흘리지 마! 쭌의 맛집 책이야 | 없어지기 전에 꼭 가야 할 여행지 맛집 967 | 세상에 단 한 곳 내 고향 최고의 맛집 | 식도락계 슈퍼스타 32 | 까칠한 여우들이 찾아낸 맛집 54 | TV 속 맛집 즐겨찾기 | 박미향 기자 행복한 맛집을 인터뷰하다 | 술꾼들이 즐겨찾는 술집 100곳 | 숨겨 놓은 맛집 | 소문난 옛날 맛집 | 메뉴판닷컴이 추천하는 맛이 흐르는 도시 | 맛골목 기행 | 잘 나가는 그들은 여기서 먹는다 | 어디 싸고 맛있는 집 없을까? | 대한민국 최고의 맛집 119 | 소문난 국수집 | 주말, 네 멋대로 맛봐라! | 맛 찾아 떠나는 자동차 여행 | 이정섭 추천 맛집 다이어리R Restaurant 2007 | 맛있는 거 먹으러 어디 갈까? | 눈으로 먹는 절음식 | 송기원의 뒷골목 맛세상 | 3000원으로 외식하기 | 10g의 비밀 | 황홀한 맛기행 | 반갑다 맛집아!! 비지니스 편 | 반갑다 맛집아!! 데이트편 | 맛따라 길따라 | 오래된 식당 100곳 | 어디가 맛있어? | 오늘은 내가 쏜다!

⊙ 참고 언론(무순)

한겨레신문 | 경향신문 | 문화일보 | 한국일보 | 국민일보 | 서울신문 | 조선일보 | 중앙일보 | 동아일보 | 전자신문 | 내일신문 | 오마이뉴스 | 이데일리 | 머니투데이 | 매일경제신문 | 한국경제신문 | 서울경제신문 | 프레시안 | 디지털타임스 | 헤럴드경제신문 | 파이낸셜뉴스 | 아시아경제신문 | 아이뉴스24 | 노컷뉴스 | 마이데일리 | 스포츠서울 | 일간스포츠 | 스포츠동아 | 스프츠조선 | 한경비즈니스 | 주간한국 | 주간조선 | 주간동아 | 이코노미스트 | 한겨레21 | 위클리 경향

⊙ 참고 블로그

네이버 검색으로 [해당 음식 + 맛집], [해당 음식 + 추천]으로 검색이 가장 많은 맛집

contents

한식의 재발견

시름을 잊게 해주는 **국밥** ++++++++ 14
개성만점의 음식 **김밥** ++++++++ 16
사시사철 먹어도 질리지 않는 **김치찌개** ++++++++ 18
오덕의 미를 갖춘 **된장찌개** ++++++++ 20
대한민국 대표 국민 간식 **떡볶이** ++++++++ 22
평양과 개성의 별미 **만두** ++++++++ 24
집밥의 정성을 담은 **백반** ++++++++ 26
한국 퓨전음식의 대표주자 **부대찌개** ++++++++ 28
가볍게 먹는 한국의 젊은 음식 **분식** ++++++++ 30
외국인들이 가장 좋아하는 **비빔밥** ++++++++ 34
밀가루 스캔들 **수제비** ++++++++ 36
소시지를 닮은 **순대** ++++++++ 38
야들야들 부드러운 **순두부** ++++++++ 40
입안 가득히 피어오르는 풀내음 **쌈밥** ++++++++ 42
가장 원시적인 음식 **죽** ++++++++ 44
꽃보다 **청국장** ++++++++ 48
해장술 모주와 함께 하는 **콩나물국밥** ++++++++ 50
아름다운 미식으로의 초대 **한정식** ++++++++ 54
쓰린 속을 풀어주는 **해장국** ++++++++ 56

육식의 만찬

가까이 하기엔 너무 먼 **갈비** ++++++++ 60
뼈 바르고 감자 골라먹는 재미 **감자탕** ++++++++ 62
맑은 장국으로 불렸던 **곰탕** ++++++++ 64
쫄깃쫄깃한 육질의 극치 **곱창** ++++++++ 66
돼지가 양념에 빠진 날 **돼지갈비** ++++++++ 70
삼겹살 편식을 깨라 **돼지고기구이** ++++++++ 72
김치와 삶은 돼지고기의 만남 **보쌈** ++++++++ 74
육식문화의 선구자 **불고기** ++++++++ 78
여름보양식의 대왕 **삼계탕** ++++++++ 80
고기 풍덩, 채소도 풍덩 **샤부샤부** ++++++++ 82
몽고에서 유래되었다는 **설렁탕** ++++++++ 84
육식의 거두 **쇠고기구이** ++++++++ 86
촉촉한 육즙의 예술 **스테이크** ++++++++ 90
중국 황제들이 즐겨 먹었다는 **오리고기** ++++++++ 92
새우젓에 찍어 먹는 쫄깃한 육질 **족발** ++++++++ 94
맥주 안주의 최고봉 **치킨** ++++++++ 98

바다에서 건진 식탁

지명수배 밥도둑 **간장게장** ++++++++ 102
바다에서 캐낸 인삼 **낙지** ++++++++ 104
입이 커서 행복한 **대구탕** ++++++++ 106
세계 4대 진미로 꼽히는 **복어** ++++++++ 108
명태의 신선함을 그대로 **생태찌개** ++++++++ 112
못 생겨도 맛은 좋아 **아귀찜** ++++++++ 114

다양한 횟감의 묘미 **잡어회** ······· 116
풍천의 왕자 **장어 요리** ······· 120
냉대받다 스타로 떠오른 **주꾸미** ······· 122
가을의 전설 **추어탕** ······· 124
미나리 향에 바다 내음이 물씬 **해물탕** ······· 128
혀끝이 저릿저릿 **홍어요리** ······· 130

지구촌 누들로의 초대

담백하거나 새콤달콤하거나 **냉면** ······· 134
한 때는 10원이었던 **라면** ······· 138
시원한 동치미 국물에 훌훌 **막국수** ······· 140
여름이면 날개 돋치는 **메밀국수** ······· 142
가쓰오부시 국물의 유혹 **우동** ······· 146
라면의 원조 **일본 라멘** ······· 148
눈물 나게 맛있는 추억의 **자장면** ······· 150
불의 향기가 다르다 **짬뽕** ······· 154
비오는 날 문득 생각나는 **칼국수** ······· 156
진한 콩국에 얼음과 오이가 동동 **콩국수** ······· 158
세계인의 입맛을 사로잡은 **파스타** ······· 162
천의 얼굴을 가진 **한식 국수** ······· 164

세계 각국 별미의 유혹

세계 미식 여행 다국적 에스닉 푸드 ······· 168
맛과 문화를 함께 즐기는 **각국의 음식들** ······· 169
웰빙과 슬로푸드의 대명사 **채식** ······· 172

커피 그리고 햄버거… 아메리칸 스타일 ++++++++ **174**
로스팅의 깊이까지 즐기는 **커피** ++++++++ **176**
독일에서 태어나 미국에서 자란 **햄버거** ++++++++ **178**

맛과 멋을 함께 즐기는 영국식 테이블 ++++++++ **180**
주말의 여유를 만끽하는 **브런치 메뉴** ++++++++ **181**
끼워 먹는 즐거움 **샌드위치** ++++++++ **183**

프랑스 요리의 원천 이탈리안 푸드 ++++++++ **186**

향신료의 천국 인도 요리 ++++++++ **190**
강렬한 향의 악센트 **커리** ++++++++ **191**
먹을수록 점점 더 빠져드는 **인도 정통 음식** ++++++++ **193**

보는 즐거움과 먹는 기쁨을 동시에! 일본 요리 ++++++++ **196**
일본 음식의 대표주자 **초밥** ++++++++ **197**
고기 못 먹던 일본인들의 발상 **돈가스** ++++++++ **200**
일본 요리의 상징 **카이세키 요리** ++++++++ **202**
일본식 선술집에서 한잔 **이자카야 메뉴** ++++++++ **204**

전 세계를 평정한 맛 중국 음식 ++++++++ **206**
지역마다 다른 맛 **정통 중식** ++++++++ **207**
오랑캐의 머리에서 유래된 **만두** ++++++++ **210**
마음에 점을 찍는다 **딤섬** ++++++++ **212**

세계 4대 요리로 불리는 타이 요리 ++++++++ **216**

유럽 미식의 정점 프렌치 푸드 ++++++++ **220**

Plus Page 1 별미를 맛볼 수 있는 **한식 전문 식당 리스트** ++++++++ **222**
Plus Page 2 매워도 다시 한 번! **매운 요리 전문 식당 10선** ++++++++ **226**

한식의 재발견

국밥 질펀한 장터에서 시작된 서민들의 희망과 위안 한 사발
김밥 '오색찬연' 한 재료에 눈이 즐겁고, 영양 만점이니 몸이 즐겁다
김치찌개 멸치 육수 · 돼지고기 육수 · 참치와 캔 꽁치 육수 · 모두 오케이!
된장찌개 항암 효과가 쨩 매일 먹어도 물리지 않는 밥상 위의 보약
떡볶이 조선시대 궁중 음식이 현대의 서민 음식으로 진화하다
만두 아삭아삭한 숙주가 맛을 좌우하는 전형적인 이북 대표 음식
백반 집사람도 잘 안 해주는, 그리운 집밥의 진수를 만나다
부대찌개 미군부대와 관련된 슬픈 전설이 있지만 칼칼한 맛에 입맛 솔솔!
분식 끼니를 걸렀을 때, 혼자 먹을 때… 다양하게 골라 먹는 재미
비빔밥 한국인보다 외국인들에게 더 각광받는 알짜배기 우리 음식
수제비 밀가루를 뜯어 뜯어! 이북식 이름 뜨더국이 원조
순대 서양의 소시지도 기죽고 돌아가는 속이 꽉 찬 별미
순두부 부추, 고기, 김치 넣은 매운 육수에 비단 같은 두부가 풍덩!
쌈밥 산천에는 푸르름이 가득하고, 입안에는 쌈 내음이 가득할지니…
죽 아플 때, 소화 안 될 때, 입맛 없을 때 활약하는 안심 음식
청국장 냄새는 고약해도 맛은 기막힌 한국식 발효 음식의 대표 주자
콩나물국밥 해장술 모주와 함께 하면 속이 확 풀리는 뚝배기의 진수
한정식 고급스러운 맛과 멋으로 세계무대에서 각광받는 한상 차림
해장국 술에 젖어 쓰린 창자를 부드럽게 풀어주는 애주가들의 필수 음식
※메뉴는 가나다순입니다.

시름을 잊게 해주는 **국밥**

시(詩) 한 편에 삼만 원이면 / 너무 박하다 싶다가도 / 쌀이 두 말인데 생각하면 / 금방 마음이 따뜻한 밥이 되네 / 시집 한 권에 삼천 원이면 / 든 공에 비해 헐하다 싶다가도 / 국밥이 한 그릇인데 / 내 시집이 국밥 한 그릇만큼 / 사람들 가슴을 따뜻하게 데워 줄 수 있을까 / 생각하면 아직 멀기만 하네.

시인 함민복이 쓴 시 〈긍정적인 밥〉의 일부이다. 그만큼 국밥은 우리 정서에 따뜻함으로 남아 있다. 국밥 한 그릇이면 허한 속도 달래고, 추운 겨울을 지날 희망도 얻을 수 있기 때문이다. 국밥은 보신탕, 사철탕 등으로 불리는 '개장국'에서 유래되었다고 본다. 육개장에서 개장은 보신탕을 의미하는 것으로 육자는 쇠고기를 사용해서 생긴 말.

국밥의 역사는 장터에서 시작됐다. 국밥집 간판을 보면 장터국밥이 많은 것도 바로 이런 이유다. 국밥의 원조 격이라 할 수 있는 따로국밥은 대구가 고향이다. 대구는 겨울에 춥고, 여름에는 더운 곳으로 육개장이 이곳의 보양식으로 통했다. 한때는 대구탕으로 불렸으나 생선의 대구와 혼동된다고 하여 육개장으로 부르고 있다. 따로국밥의 유래는 해방 후 현재의 대구 중앙사거리에서 비롯된다. 이곳에 나무를 사고파는 장이 섰는데 나무를 팔러 나온 나무꾼이 국밥을 사먹으면서 "밥은 따로 달라"고 한 데서 시작됐다고 한다. 이후 이곳의 국밥집은 밥말이 국밥과 따로국밥으로 나뉘게 되었다.

따로집 ☎ 776-2455 ✆ 중구 명동2가 33-4
30년 전통의 국밥집으로 오랜 시간 푹 고아낸 사골국물에 양지머리, 차돌박이, 선지, 콩나물, 대파 등으로 맛을 낸 쇠고기국밥이 일품. 갓 부쳐낸 따뜻한 모듬전은 술안주로도 제격이다.

청송옥 ☎ 754-1547 ✆ 중구 서소문동 52-1
맵게 끓인 경상도식 따로국밥을 먹을 수 있다. 사골과 양지머리를 넣고 꼬박 24시간 끓여낸 국물에 채소를 듬뿍 넣어 맛을 낸다. 텁텁하지 않고 시원하면서도 칼칼한 맛이 제격. 밥과 함께 국수사리가 나온다.

시골집 ☎ 734-0525 ✆ 종로구 인사동 230-1
기와를 올린 마당 너른 시골집은 흡사 장터를 연상케 한다. 국밥에 어울리는 따뜻한 온기가 있는 집. 사골 국물에 양지 사태를 넣고 끓여 맛을 낸 국물이 제대로 진국이다. 푸짐한 선지와 먹음직스럽게 찢어 넣은 쇠고기가 국밥의 자존심을 대변한다.

충무로돼지국밥 ☎ 2267-8819 ✆ 중구 남학동 19-4
강남따로국밥 ☎ 543-2527 ✆ 서초구 잠원동 21-1
마포집 ☎ 419-9233 ✆ 송파구 잠실본동 190-1
유진식당 ☎ 764-2835 ✆ 종로구 낙원동 221
김명자굴국밥 ☎ 777-9003 ✆ 중구 북창동 90
마전터 ☎ 765-7575 ✆ 성북구 성북동 124-3
며느리밥풀꽃 ☎ 332-2479 ✆ 마포구 서교동 408-24

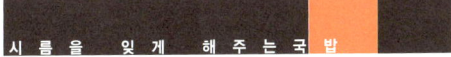

시름을 잊게 해주는 국밥

개성만점의 음식 김밥

혹자는 김밥을 가장 너그러운 음식이라고 주장한다. 김밥 안에 들어가는 재료가 특별히 국한되지 않고, 그 재료에 따라 참치김밥이나 쇠고기김밥, 날치알김밥처럼 그 이름도 변화무쌍하기 때문이다. 게다가 시각적으로 '오색찬연' 하고, 영양학적 측면에서도 결코 손색이 없으며 먹기도 간편하니 너그럽다는 표현도 무리는 아니다.

물론 이런 형태에서 벗어난 독특한 김밥도 있다. 일명, 통영의 명물 충무김밥이다. 기름을 바르지 않은 김으로 손가락만하게 싼 밥에 깍두기와 오징어무침을 곁들여낸다. 충무김밥이 통영의 명물로 등장한 것은 80년대 초 우연히 방송을 타면서부터. 고기잡이를 나간 남편이 식사를 거르고, 술로 끼니를 대신하는 모습을 본 아내가 남편이 안쓰러워 김밥을 만들어준 것에서 시작되었다는 것이다. 처음에 아내가 싸준 김밥은 잘 쉬어서 못 먹게 되는 일이 많았고, 그래서 밥과 속(반쯤 삭힌 꼴뚜기무침과 무김치)을 따로 담아 주었는데 그 후에 다른 어부들도 점심 및 간식을 밥과 속을 따로 담은 김밥으로 해결하게 된 데서 유래했다는 설이다. 물론 다른 유래도 있지만 유래가 어떻든 '속 따로 밥 따로' 인 것은 공통분모다. 그 이유는 남도의 기후 특성상 음식이 빨리 쉬기 때문에 밥과 속을 따로 내는 것이 발전했다고 보인다.

〈삼국유사〉를 보면 김은 신라시대부터 먹었던 것으로 전해지고, 〈삼국사기〉에는 정월대보름에 김에 밥을 싸먹었다는 기록이 있다. 또 조선시대에는 양반들이 기름을 발라 싸먹었다는 기록도 있다. 그렇다면 현재와 같은 김밥은 언제부터였을까? 아쉽게도 김밥에 대한 구체적인 기록은 나오지 않고 〈한국음식, 그 맛있는 탄생〉의 저자 김찬별 씨에 의하면 현재와 같은 김밥은 일본의 영향을 받았을 것이란 추측을 하고 있다.

꼬마김밥 ☎ 2264-7668 ☞ 종로구 예지동 293-1
사람들 사이에서는 이미 '마약 김밥'으로 소문나 있는 곳. 보기에는 조금 부실하기까지 한데 속 재료가 오직 단무지와 당근, 시금치 몇 줄뿐이기 때문이다. 하지만 겨자 소스를 찍어 먹는 그 맛이 이 집을 반드시 다시 찾게 만들 정도로 기막히다.

진순자김밥 ☎ 883-1824 ☞ 관악구 봉천4동 895-1
30년이 다 되어가는 전통에다 일본에도 소개될 정도로 인기 만점인 김밥이다. 얇은 김밥 겉면에 달걀말이를 입혀낸 김밥에 장아찌를 곁들여 먹는다. 이곳에서는 김밥을 줄 단위로 판매하지 않고 도시락 단위로 판매한다.

카모메 ☎ 322-2311 ☞ 마포구 창전동 6-129 1층
일본형 오니기리(삼각김밥) 전문점이다. 약 20여 종류의 다양한 김밥을 맛볼 수 있다. 삼각김밥이 편의점 히트상품이라 맛도 별다르지 않을 것이라고 생각하기 쉽지만, 이곳 김밥의 재료와 맛은 완전 다르다. 컵 어묵을 함께 시켜 먹으면 그만이다.

스쿨푸드 ☎ 511-7127 ☞ 강남구 신사동 541-15
충무김밥 ☎ 755-8488 ☞ 중구 명동2가 3-12
나누미떡볶이 ☎ 747-0881 ☞ 종로구 명륜2가 225
명화당 ☎ 777-7317 ☞ 중구 명동2가 55-3
서호김밥 ☎ 594-4434 ☞ 서초구 방배동 790-13

사시사철 먹어도
질리지 않는 **김치찌개**

김치는 음식에 있어 청바지와 같다. 청바지가 정장에도 어울리고 캐주얼 패션에도 어울리듯 김치는 우리 전통음식이라는 자부심 이외에도 다양한 음식과 훌륭하게 조화를 이루기 때문이다. 게다가 최근 들어 김치의 효능이 널리 알려지면서 미국의 건강 전문 월간지 〈헬스(HEALTH)〉에서는 세계 최고의 5대 건강식품 중 하나로 김치를 선정하기도 했을 정도. 김치찌개의 맛을 좌우하는 것은 역시 김치. 무엇보다 김치의 숙성 정도가 중요하다. 입소문난 김치찌개 전문 식당들이 자신들만의 김치 저장 노하우를 공공연히 광고하고 있는 것도 바로 이런 이유 때문. 그러므로 제대로 된 김치찌개를 맛보고 싶다면 김치의 저장 상태에 관심을 갖는 것이 좋다. 이른바 '묵은지'라고 불리는, 적어도 1~2년 이상 숙성한 김치를 사용한 김치찌개 전문 식당이 인기를 얻고 있는 것도 바로 이 숙성의 묘미에서 출발한다고 볼 수 있으니 말이다. 하지만 묵은지보다 조금 신선한 김치로 끓인 찌개 맛을 더 좋아하는 사람들도 적지 않다. 이런 경우에는 국물 베이스를 어떻게 하느냐에 따라 그 맛을 가늠하게 되는 것이 보통이다. 국물에 따라 찌개의 특성이 달라지기 때문인데 돼지고기 육수를 사용해 걸쭉한 맛을 내는 집도 있고, 멸치 국물 육수로 개운하고 칼칼한 맛을 내는 집도 있으며 그도 저도 아닌 경우에는 김치 그 자체의 양념만으로 찌개를 끓여내기도 한다.

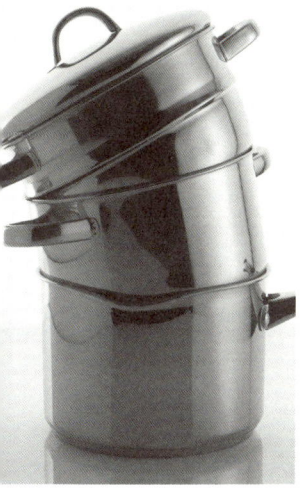

굴다리식당 ☎ 712-0066　☞ 마포구 신공덕동 63-10
생돼지고기를 쓰는 김치찌개집으로 30년 전통을 자랑한다. 가마솥에서 끓인 김치찌개를 낡은 대접에 퍼주는 것이 특징이다. 주문을 할 때 보통 김치찌개와 제육볶음을 함께 시킨다. 달걀말이와 같은 반찬도 수준급이고, 무한리필에 고객들이 감동한다.

광화문집 ☎ 739-7737　☞ 종로구 당주동 43
좁디좁은 2층 건물에 테이블이 다닥다닥 붙어 있다. 돼지고기가 들어간 김치찌개에 달걀말이를 시켜 먹는 것이 전형적인 코스다. 공기밥은 따로 시켜야 한다. 큼지막하게 썰어 넣은 두부와 돼지고기로 저녁에는 술손님도 많다.

장호곱창 ☎ 756-5070　☞ 중구 순화동 6-16
곱창 간판을 내건 집이지만 줄을 서서 먹는 주 메뉴는 김치찌개이고, 게다가 숨 돌릴 틈도 없이 후다닥 나와야 하는 곳이라면 이해가 될까? 주차불가, 메뉴 선택권도 없고 약간 불친절한 분위기이지만 모든 걸 김치찌개 음식 맛 하나로 해결하는 곳이다.

한옥집 ☎ 362-8653　☞ 서대문구 냉천동178
둥지식당 ☎ 561-3811　☞ 강남구 대치동 894-18
은주정 ☎ 2265-4669　☞ 중구 주교동 43-23
옛골 ☎ 561-0591　☞ 강남구 역삼동 605-9
새벽집 ☎ 546-5739　☞ 강남구 청담1동 129-10
새마을식당 ☎ 544-3284　☞ 강남구 논현동 164-12
오모리찌개 ☎ 423-0067　☞ 송파구 석촌동 183-2

사 시 사 철　먹 어 도　질 리 지 않 는　김 치 찌 개

오덕의 미를 갖춘
된장찌개

시작부터 농담 한 마디! '된장녀' 때문에 된장이 다시 각광(?) 받고 있다는 소문이다. 예전에는 콩가루 집안이라고 하여 된장의 주재료인 콩이 욕을 먹더니 이젠 된장녀 때문에 된장마저 그런 처지에 놓였다. 왜 하필 된장이란 말인가? 혹시나 우리 것을 비하하는 데 익숙해서 오는 자격지심이 아닐까? 정작 된장의 맛과 효능을 안다면 된장녀가 얼마나 사랑스러운 말인지 알 수 있게 될 텐데 말이다.

실상 된장에는 '오덕(五德)'이 있다. 단심(丹心), 항심(恒心), 불심(佛心), 선심(善心), 화심(和心)으로 단심은 다른 맛과 섞여도 제 맛을 잃지 않고, 항심은 오래 두어도 변질되지 않으며, 불심은 비리고 기름진 냄새를 제거해 준다는 것. 선심은 매운맛을 부드럽게 하고, 화심은 어떤 음식과도 잘 조화된다는 의미를 지니고 있다는 말이다.

된장의 원료인 콩은 한국인들에게 단백질 영양원을 공급해 온 대표 식품이다. 콩의 항암효과는 이미 세계적으로 알려진 사실. 미국인들에게 상대적으로 많은 대장암을 놓고, 대장암이 적은 동북아시아 사람들의 식생활을 조사해보니 콩이 주재료인 장류 음식을 많이 먹기 때문인 것으로 나타났다. 그 중에서도 삶은 콩보다는 생콩, 생콩보다는 된장이 더 항암 효과가 크다고. 된장 종류별 항암효과는 전통 된장, 시판 된장, 청국장, 일본 된장 순이라는 설도 있다.

어쨌든 이보다 더 훌륭한 음식이 존재할 수 있을까? 다만 나트륨이 많이 함유되어 있으니 다른 음식과 함께 섭취하는 것이 좋다. 체내 나트륨을 배설시키는 칼륨과 섬유소가 풍부한 음식을 곁들이면 금상첨화. 부추, 상추, 감자, 해조류 등이 이에 해당된다. 수분도 나트륨 배설을 촉진시키므로 된장찌개에 두부를 많이 넣으면 좋다.

툇마루집 ☎ 734-7973 ✆ 종로구 인사동 4
정겨운 우리 음식점들이 많은 인사동에 위치하고 있다. 이름도 멋진 툇마루집. 전라도 신안과 함평의 집 된장을 사용한다. 풋고추, 두부가 숭숭 들어간 된장찌개는 칼칼하면서 진한 맛이 언제 먹어도 일품이다.

심원갈비 ☎ 777-2953 ✆ 중구 남창동 34-113
된장찌개 안에 라면을 넣고 먹는 기발한 발상! 된장찌개 하나만 시키면 라면에 비빔밥까지 맛볼 수 있다. 버너 위에서 즉석으로 끓여먹는 된장찌개인데 밥이 나오면 얼갈이배추, 콩나물, 오뎅을 넣어서 비벼 먹는다.

산불등심 ☎ 754-7584 ✆ 중구 다동 127
겨우 작은 테이블 9개뿐인 작은 식당에 어마어마하게 밀려들어오는 손님들. 이곳은 낮에는 된장찌개만 팔고, 밤에는 등심을 파는 이색적인 영업을 한다. 반찬으로 나오는 고등어조림이 일품. 줄 서서 먹는 집이라 여유로운 식사를 즐길 수는 없으니 단단히 각오하고 갈 것.

뚝배기집 ☎ 2265-5744 ✆ 종로구 관철동 5-1
별궁식당 ☎ 736-2176 ✆ 종로구 안국동 175-21
시골야채된장 ☎ 3482-7626 ✆ 서초구 서초동 1308-1 삼미빌딩 1층
고릴라 ☎ 312-3541 ✆ 서대문구 충정로3가 272
처가집 ☎ 778-5925 ✆ 중구 태평로2가 69-10
봉산집 ☎ 793-5022 ✆ 용산구 용산동3가 1-21
또순이네 ☎ 2672-2255 ✆ 영등포구 양평동 4가 77-2

대한민국 대표
국민 간식 **떡볶이**

조선시대 궁중 음식 중에서 현재까지 가장 사랑받는 서민 음식이 있다면? 이는 다름 아닌 떡볶이이다. 떡볶이는 조선시대에 궁중에서 먹던 음식으로 주로 간장으로 맛을 냈다. 문헌에는 1800년대 말의 조리서인 〈시의전서〉에 떡볶이가 처음 등장한다. 당시 요리법은 양념장에 물을 붓고 끓이는 찜 형태. 고추장의 원형인 만초장에 대한 기록도 1766년 〈산림경제〉에 처음 등장한다. 왕들은 매운 음식이 사람을 흥분시킨다 하여 피했던 것으로 나타난다. 대신 쇠고기, 생나물, 마른나물 등을 넣어 구수한 맛의 간장 떡볶이를 만들었다.

지금의 빨간 고추장 떡볶이가 대중화된 것은 6.25 이후로 본다. 신당동의 마복림 할머니가 고추장을 넣어 만들어 본 것이 고추장 떡볶이의 시초라는 설이 있다. 이후 떡볶이는 다양한 변신을 하는데 1970년대에 떡볶이에 어묵과 양배추가 들어가면서 전국으로 퍼져 나가게 되었다. 1980년대에는 LPG의 발전으로 직접 해먹는 즉석 떡볶이가 등장했으며, 2000년대로 들어서면서 치즈와 피자 떡볶이 같은 퓨전 음식으로까지 발전되었다. 얼마 전에는 글로벌 한식의 첨병으로 떡볶이연구소가 설립되기도 했다. 떡볶이는 규격화와 표준화, 대중화의 가능성이 큰 음식이라 한식 세계화 사업 메뉴로 안성맞춤이라는 평가를 받고 있다. 게다가 식생활 변화로 쌀 소비량이 감소하는 추세여서 쌀 소비를 늘린다는 취지 하에 '한국쌀가공식품협회'도 발 벗고 나섰다. 정부 주관으로 〈2009 서울 떡볶이 페스티벌〉이 열렸는데 30여개의 팀이 참가해 세계 떡볶이 경연대회를 펼친 것. 떡볶이의 세계화 가능성, 독창성 등이 심사 기준이었다.

마복림원조할머니집떡볶이 ☎ 2232-8930　위치 중구 신당1동 292-112
그 옛날 고추장 CF에 출연해 "며느리도 몰러…"라는 유행어를 퍼뜨린 장본인이 바로 한국 고추장 떡볶이의 산 증인이자 원조인 마복림 할머니다. 1953년 이래 현재도 신당동에서 자녀들이 가세해 떡볶이집을 운영하고 있다.

엄마손떡볶이 ☎ 305-7572　위치 서대문구 남가좌2동 324-46
이곳 떡볶이에서는 커리향이 난다. 떡볶이 안에는 별 다른 재료도 없고, 오로지 떡과 고추장뿐. 쫄면, 만두 등을 함께 시켜 먹으면 좋다. 맛에 대해 사람들이 저마다의 분석을 내놓고 있지만 아직까지 그 비결을 찾아낸 이는 없다는 후문.

레드페퍼 ☎ 547-3778　위치 강남구 신사동 661-16
대구 경북에서 떡볶이집을 운영하다가 서울에 입성한 케이스. 초기에 압구정 로데오 거리에 일반 떡볶이의 3배에 가까운 가격을 받는 분식집을 크게 내자 주변에서 모두 놀랐을 정도. 모든 떡볶이 메뉴에는 일반 쌀떡, 미니 떡, 떡 속에 치즈를 넣은 치즈 떡 등 3가지 떡이 들어간다.

민주떡볶이 ☎ 393-7379　위치 서대문구 대현동 90-53
스마일이촌떡볶이 ☎ 749-5507　위치 용산구 이촌동 301-18 동인상가 1 호
신천할매떡볶이 ☎ 541-2252　위치 강남구 논현동 233-11
진미떡볶이 ☎ 2252-5889　위치 중구 신당6동 282-22
원조할머니떡볶이집 ☎ 725-4870　위치 종로구 통인동 94
달볶이 ☎ 715-6137　위치 용산구 청파동 55-9
나누미떡볶이 ☎ 747-0881　위치 종로구 명륜2가 225

평양과 개성의 별미 **만두**

만두는 고려시대 상화라 불리던 음식으로 추정한다. 만두라는 말이 처음 등장한 문헌은 1643년에 기록된 〈영접도감〉이다. 중국에서 온 사신을 접대하기 위해 만두를 빚어냈다고 전해진다. 밀가루로 반죽을 만들고 채소나 팥 등을 넣어 찐 음식으로 찐빵에 가깝기도 했다. 주로 궁중 음식으로 활용되었고, 서민들에게는 절기 음식으로 통했는데 경사스러운 날이 되면 잔치에 고기만두를 빚어 먹었다.

만두는 주로 이북 지역에서 즐겼고, 남쪽에서는 떡국을 주로 먹었다. 남쪽 지방이 날씨가 따뜻해 쌀을 재료로 한 음식이 발달한 반면, 이북 지역은 기후가 척박해 메밀이나 밀 재배가 활발했기 때문이다. 허균의 저서 〈도문대작〉을 보면 만두는 의주 사람이 잘한다고 나와 있다. 만두는 전형적인 이북 지역의 음식으로 평양과 개성이 쌍벽을 이루었다.

이북 지역은 각 지방마다 특징적인 만두들이 있다. 평안도식 만두는 두부와 다진 돼지고기, 숙주나물 등을 주재료로 하며 특히 숙주 맛이 만두 맛을 좌우한다. 서울에서는 지리적으로 가까운 개성식 만두를 즐겼는데 재료와 모양이 화려한 것이 특징. 평양 만두는 즉석에서 빚은 만두피로 두부와 김치, 숙주나물, 부추, 돼지고기를 주재료로 큼지막하게 빚는다. 만두국은 양지머리와 사태를 삶은 육수로 맛을 낸 담백한 국물이 제 맛이다. 민어, 숭어와 같은 흰살생선을 넣어 만든 어만두도 평양 만두의 별미로 꼽힌다. 반면 개성 만두는 정갈하게 빚어 한입에 쏙 들어갈 정도로 자잘한 편. 만두소는 애호박 등 갖은 채소를 두부, 김치보다 많이 넣이 퍽퍽하지 않고 깔끔한 맛이 특징이다. 꿩만두 역시 겨울철 별미로 꼽히는데 꿩고기를 채소와 함께 넣어 만두소로 만들기도 했다. 이남에서는 전라도식 만두가 손꼽히는데 주로 조갯살, 새우, 오징어 등 해산물을 주재료로 사용했다.

궁 ☎ 733-9240 ✉ 종로구 관훈동 30-11
개성 출신 할머니가 개성만두를 직접 빚어주는 인사동의 명물. 열다섯 살 때 어머니가 가르쳐 준 만두 빚는 솜씨로 개성만두의 전통을 이어가고 있다. 지금은 3대째로 손녀가 가게 일을 맡아 하고 있다.

자하손만두 ☎ 379-2648 ✉ 종로구 부암동 245-2
음식점이라기보다는 마치 어느 가정집을 찾은 기분이다. 마음을 따뜻하게 해주는 분위기 덕에 이곳 만두는 특별하진 않지만 내 집에 찾아온 손님을 대하듯 정성이 담겨 있다. 육수는 양지를 푹 삶아 몇 시간씩 기름기를 제거해 깔끔한 맛을 낸다.

리북손만두 ☎ 776-7350 ✉ 중구 무교동 27
20여년 가까이 평양만두를 전문으로 하고 있다. 만두를 주문하면 어른 주먹만 한 만두가 3개가 나온다. 숙주나물, 두부 등의 소가 가득 채워져 있다. 이 집 만두에는 김치가 없는 것이 특징이다.

갯마을 ☎ 798-5655 ✉ 용산구 동부이촌동 300-23
성북동집 ☎ 747-6234 ✉ 성북구 성북동 237-1
개성집 ☎ 923-6779 ✉ 동대문구 용두동 201-2
다락정 ☎ 725-1697 ✉ 종로구 삼청동 127-3
설매네 ☎ 548-0090 ✉ 강남구 신사동 609-1
명동교자 ☎ 776-5348 ✉ 중구 명동2가 25-2
평안도만두집 ☎ 723-6592 ✉ 종로구 내수동 167 대우복합빌딩 지하 104호

집밥의 정성을 담은 백반

서양의 음식문화가 건식문화인데 반해 한국의 음식문화는 습식문화이다. 그래서 국물 요리가 주를 이룬다. '넌 국물도 없어'라는 상용구도 결국 이런 습식문화를 대변한다. 국물도 얻어먹지 못할 만큼 인정받지 못한다는 것. 국물과 함께 여러 가지 반찬이 함께 나오는 상차림을 보통 백반이라고 한다.

백반(白飯)을 사전에서 찾아보면 두 가지 의미가 있다. 첫째는 한자 그대로 흰밥이란 것이고, 둘째는 음식점에서 흰밥에 국과 몇 가지 반찬을 끼워 파는 한 상의 음식을 일컫는다. 쉽게 먹을 수 있을 것 같지만 정작 괜찮은 백반집을 찾는 일이 그다지 쉽지만은 않다. 매일매일 저렴한 가격에 다른 반찬들을 제공해야 하기 때문이다. 게다가 백반은 엄마가 해주는 음식, 즉 집밥 같은 느낌을 주어야 하기 때문에 맛에 대한 평가도 엄격한 편이다.

백반은 직장인들이 집 밖에서 집밥을 먹고 싶을 때 생각나는 메뉴. 그러나 요즘은 백반을 먹으면서도 두려움을 떨쳐버릴 수 없는 것이 사실이다. 바로 반찬의 재활용 때문. 잔반 활용을 금지하는 법이 만들어지기는 한다지만 그렇게 많은 반찬들을 내놓으면서 과연 그 가격을 유지할 수 있을까 하는 점에서 의구심이 드는 것이다.

여기에서 바로 외식 소비자들의 이중성이 드러난다. 반찬이라곤 피클만 내놓는 스파게티가 1만원대가 넘는 반면, 수많은 반찬이 나오는 백반집은 1만원을 받는 것이 쉽지 않다. 그러면서 품질과 위생을 만족시키길 바라는 심리라니. 엄마의 정성을 담은 백반을 먹고 싶다면 그에 상응하는 값을 치러야 하는 게 아닐까 싶기도 하다. 만약 정말 저렴하면서 맛도 있고 위생도 만족시키는 집이 있다면 허리를 깊이 숙여 감사함을 전하자.

처가집 ☎ 778-5925 중구 태평로2가 69-10
한 자리에서 30년을 이어온 집으로 메뉴는 고민할 필요가 없다. 진지상 하나만 시키면 19가지 반찬이 나온다. 나물들은 그날그날 신선한 재료를 위주로 한다. 일본 관광객들이 특히 많이 찾는다.

전주지연식당 ☎ 761-8083 영등포구 여의도동13-25 정우빌딩 지하
전주에서 25년간 장사를 해왔던 주인 내외가 여의도로 옮겨왔다. 처음에는 20여 가지에 이르는 반찬을 내놨지만 손님들이 오히려 너무 많다고 해서 10가지만 준비한다고. 음식 하나하나가 모두 입에 착착 감긴다.

사천옥 ☎ 539-1075 강남구 대치4동 897-33
일반 주택을 개조해서 장사를 하고 있다. 점심시간에만 300명 가까이 이 집을 찾는다고 하니 이 지역 명물이라고 손꼽을 만하다. 백반을 시키면 10여 가지에 이르는 반찬이 나온다. 특이하게도 추어탕을 함께 팔고 있다.

부산식당 ☎ 336-3049 서대문구 창천동 53-21
골목식당 ☎ 795-7019 용산구 한강로1가 141-1
신일식당 ☎ 739-5548 종로구 관훈동 29-17
토방 ☎ 735-8156 종로구 관훈동 73-1
시골밥상 ☎ 319-0795 중구 명동2가 3-11
청담골 ☎ 3443-1252 강남구 청담2동 19-17
어머니와고등어 ☎ 337-0704 마포구 서교동 407-19

한국 퓨전음식의
대표주자 **부대찌개**

'모르는 게 약'이란 말이 딱 어울리는 음식이 있다. 차라리 음식의 유래를 모르고 먹으면 편할 음식이 바로 부대찌개. 처음 부대찌개의 서러운 유래를 알았을 때는 매워서 눈물이 나는 게 아니라 서글픈 역사가 오버랩되는 바람에 마음이 짠했다. 음식을 먹으면서 음식 외적인 이유로 마음이 아팠으니 말이다.

슬픈 역사의 애환이 담긴 음식, 부대찌개. 사전에서 부대찌개를 찾아보면 '햄, 소시지 따위를 재료로 하여 끓인 찌개로, 예전에 미군 부대에서 나온 고기로 찌개를 끓였던 데서 유래한다'고 설명하고 있다. 그런데 사실 여기에서 말하는 햄, 소시지 따위가 단순하게 미군 부대에서 유출된 음식이 아니라, 그들이 먹다버린 쓰레기통에나 들어갈 음식들이었다는 것. 초기에는 결코 사람이 먹어서는 안 될 재료를 모아 찌개로 끓여낸 음식이었던 셈이다. 미군들이 먹다 남은 재료들이 쓰이기도 한 데다 부대에서 나온 고기라 해서 부대고기라고 이름 붙여졌다.

부대찌개의 애칭은 '존슨탕'. 미국 대통령 린든 B. 존슨이 방한했을 때 미군부대 주방장이 소시지를 넣어 한국식으로 스튜를 만들어 제공한 것에서 유래되었다. 그런데 요즘 세계적으로 유행하고 있는 베트남 쌀국수도 한국의 부대찌개와 탄생 배경이 비슷하다. 19세기 베트남을 지배했던 프랑스 지배자들이 먹다 남은 고기 뼈를 주워 고아서 만든 국물에 쌀국수를 넣기 시작한 것이 지금의 쌀국수 포(Pho)다. 식민지 역사의 공통분모가 만들어 낸 음식들이다.

바다식당 ☎ 795-1317 　 용산구 한남2동 743-7
부대찌개란 말보다 존슨탕이란 말을 선호하는 이곳. 특이하게 치즈가 들어가는데 햄과 치즈가 만들어 내는 걸쭉한 국물맛이 꽤 매콤하다. 보통 불판 위에 올려 주는 것과 달리 이곳에선 끓여서 나온다.

송백 ☎ 738-1386 　 종로구 도렴동 60 도림빌딩 지하 1층
가격 대비 만족도가 높은 곳으로 알려져 있다. 그리고 부대찌개 안에도 햄과 소시지의 양이 상당하다. 콩나물이 들어가 시원한 맛을 내고 김치 맛도 괜찮다. 일요일에는 가족들끼리도 즐겨 찾는다.

대우식당 ☎ 552-1663 　 강남구 역삼동 641-18
1984년 오픈한 집으로 강남에서 소문난 집이다. 라면 대신 스파게티 면이 나오고 햄과 소시지는 미제 군용이다. 미나리를 넣어 시원한 맛이 난다. 또한 김치 대신 양념장과 다진 마늘을 넣어서 맛이 칼칼하다.

고암식당 ☎ 796-1813 　 용산구 이태원동 123-3
금성스테이크 ☎ 547-4872 　 강남구 신사동 660-13
은성스테이크 ☎ 797-2855 　 용산구 남영동 40-4
존슨하우스 ☎ 516-8544 　 강남구 삼성동 109-15
희정식당 ☎ 784-9213 　 영등포구 여의도동 21-3
숙자네 부대찌개 ☎ 598-5089 　 서초구 서초동 1451-1
김씨네 ☎ 545-5290 　 강남구 신사동 627-6

가볍게 먹는 한국의 젊은 음식 분식

예전에 20대 여성들의 외식 소비 형태를 분석한 자료가 있었는데 20대 여성들의 먹을 거리 소비 중에서 가장 많은 비중을 차지한 것은 다름 아닌 분식이었다. 한식과 패스트푸드 그리고 패밀리 레스토랑 등 다양한 먹을 거리들을 제치고 20대 여성들을 사로잡은 것을 보면 분식은 젊은 음식인 것이 분명하다. 그 이유를 분석해 보니 여러 가지 요인이 꼽힌다. 일단 저렴한 가격이 매력적. 그리고 무엇보다 결정적으로 언제 어디서나 쉽게 먹을 수 있는 것이 분식의 장점들이었다. 한 외식 전문가는 한국에서 샌드위치나 핫도그 같은 서양의 음식들이 한국에서 좀처럼 발붙이기 힘들 것이란 전망을 내놓은 적이 있다. 그런 류의 음식들은 주식이라기보다 간식 개념으로 자리잡고 있기 때문이라는 것. 또한 한국의 전통적인 분식과 경쟁을 해야 하기 때문에 승률이 낮다는 말이었다. 거리마다 즐비한 길거리 포차와 동네 곳곳에 포진한 분식점들을 이들이 당해내기 어렵다는 결론이었다.

혹자는 분식집을 평가할 때 쫄면을 기준으로 한다. 마치 설렁탕집에서 김치 하나만 먹어보면 설렁탕의 수준을 알 수 있듯이 말이다. 쫄면을 잘하면 다른 음식도 모두 맛있다는 결론이다. 쫄면의 고향은 인천. 냉면을 만들다가 잘못 생산해낸 면이 쫄면이다. 광신제면이란 회사에서

냉면을 뽑는 사출기의 구멍을 잘못 맞춰 나왔다는 것. 냉면보다 탱탱하고 쫄깃한 그 면발을 버리기 아까워 근처 분식집에 그냥 주었고, 주인이 고추장 양념으로 비벼 팔면서 빛을 보기 시작했다고. 이후 중구 인현동의 분식집 '맛나당'에서 쫄면이란 이름이 최초로 탄생했다. 하지만 정작 이번 책을 쓰면서 느낀 것은 쫄면만 잘하는 분식집을 찾아내기란 쉬운 일이 아니라는 사실. 의외로 쫄면의 명가라고 부를 만한 집은 찾기 어렵다는 아쉬움이 남았다.

먹쉬돈나 ☎ 723-8089 종로구 안국동 17-19
마치 암호와 같은 이름 먹쉬돈나. 이름을 풀어 보니 '먹고, 쉬지 말고, 돈 내고, 나가라'의 줄임말이란다. 치즈, 해물, 부대, 채소 등을 선택한 뒤 각종 사리와 오뎅, 튀김 등을 넣어 즉석에서 만들어 먹는 떡볶이가 전문이다.

스쿨푸드 ☎ 511-7127 강남구 신사동 541-15
논현동에서 노다지분식집이라는 이름의 배달전문점으로 시작했다. 한입에 쏙 들어가는 에그롤이 대박이 나면서 주문 지역이 점점 넓어졌다. 2004년 신사동 가로수길 초입에 옛날 학교의 복고적인 느낌을 살려 오픈했다.

만나분식 ☎ 557-7040 강남구 대치동 316 은마상가 지하 1층
간판이 작아서 단골 아니면 찾아가기 쉽지 않다. 떡볶이에 만두, 어묵, 달걀 등을 넣은 정식이란 메뉴가 있다. 또한 떡볶이 양념으로 무엇을 넣고 만드는가에 따라 모듬 A코스, B코스로 취향에 맞게 나눠서 시킬 수 있다.

코끼리분식 ☎ 717-9061 마포구 도화동 345-4
요기 ☎ 3143-4248 마포구 서교동 411-1
명화당 ☎ 777-7317 중구 명동2가 55-3
가미분식 ☎ 364-3948 서대문구 대현동 54-1
장수분식 ☎ 467-9599 광진구 화양동 12-35
혜화돌쇠아저씨 ☎ 765-7399 종로구 명륜4가 23
애플하우스 ☎ 595-1629 서초구 반포동 978

비빔밥은 한국 문화를 대변하는 아이템이라고 해도 과언이 아니다. 특히 전주비빔밥은 평양냉면과 함께 조선시대 대표음식으로 꼽혔다.

외국인들이 가장 좋아하는 비빔밥

얼마 전 정부는 전통음식연구소를 통해 외국인이 좋아하는 한국음식 베스트 12를 소개했다. 그 첫 번째 자리를 차지한 것이 바로 비빔밥이었다. 세계인의 입맛을 충족시키는 비빔밥은 대한항공에게 세계 최고의 기내식 대상인 '머큐리상'을 수상하게 만들었다. 그리고 홍콩에어라인도 한국의 비빔밥을 기내식으로 도입했다.

비빔밥이 한국 문화를 대변하는 아이템이라고 생각될 때가 있다. 비빔밥은 절대적으로 맛있거나 혹은 정말 맛없는 경우가 흔치 않기 때문이다. 대부분 일정한 맛 이상을 내는 경우가 많다. 그 이유는 다양한 재료들과 강렬한 고추장 양념이 섞이면서 본래의 맛을 없애고 색다른 맛을 이끌어내기 때문이다. 일식 요리가 재료 본래의 맛에 충실한 것에 비해 한국 요리 중에는 이렇듯 혼재된 또 다른 맛을 내는 음식들이 많다.

비빔밥은 지역적 특성에 따라 재료의 개성이 강하고 맛도 다르다. 안동의 헛제삿밥(비빔밥)과 개성의 차례비빔밥, 함평과 함양의 육회비빔밥, 거제의 멍게젓갈비빔밥 등을 보면 알 수 있다. 하지만 그 중에서도 전주비빔밥이 가장 이름을 떨치게 되었는데 전주비빔밥은 평양냉면, 개성탕반과 함께 조선시대의 3대 음식이기도 했다.

전주비빔밥은 찹쌀고추장에 생강, 마늘, 꿀을 함께 넣어 볶아낸 볶음

고추장을 사용하는 것이 특징. 곡창지대였던 호남평야에서 나오는 식재료가 풍부해 다른 지역의 비빔밥보다 나물의 가짓수가 많았다. 그리고 함께 떠먹는 장국으로 타 지역에서는 보통 선짓국이나 미역국이 나오지만 전주는 콩나물국이 선호되었다. 비빔밥은 젓가락으로 비벼서 숟가락으로 떠먹는 게 좋다고 한다.

고궁 ☎ 736-3211 ✍ 종로구 관훈동 38
원래 전주에서 비빔밥으로 이름을 날리던 고궁이 서울에 지점을 냈다. 쇠고기 사골 육수로 만든 밥에 육회, 은행, 잣, 호두, 애호박나물, 시금치, 도라지 등이 감칠맛나게 얹혀 나온다.

경북집 ☎ 2275-8177 ✍ 종로구 관수동 4-4
동그랑땡과 양푼비빔밥이 주 메뉴로 40년 가까이 된 집이다. 양푼비빔밥은 보리밥에 서너 가지의 나물과 쇠고기를 다져 볶은 달걀부침을 얹어 낸다. 그 밖에 모듬전, 순대, 감자탕 등도 인기가 있고 가격이 매우 저렴한 편이다.

전주중앙회관 ☎ 778-8696 ✍ 중구 북창동 90-1
전북 장수에서 가져왔다는 곱돌뚝배기에 나오는 곱돌종합비빔밥에 콩나물, 시금치, 달걀, 양파다짐 등을 비롯해 잣, 육회, 고구마순, 오이채, 쑥갓 등 약 28가지 재료가 들어간다.

산채마루 ☎ 412-3993 ✍ 송파구 잠실동 195-4
고향 ☎ 3145-3826 ✍ 서대문구 창천동 30-33 신촌현대백화점 10층
유정비빔밥 ☎ 743-6201 ✍ 성북구 성북동 256-8
부추밭 ☎ 755-9460 ✍ 중구 서소문동 99
비빔반 ☎ 718-3030 ✍ 마포구 도화동 179-11
나물먹는곰 ☎ 323-9930 ✍ 마포구 서교동 395-199
전주유할머니비빔밥 ☎ 752-9282 ✍ 중구 북창동 12-2

밀가루 스캔들 **수제비**

이북에서는 밀가루 '뜨더국'으로 불리는 수제비. 이는 밀가루를 뜯어 만든 국이라는 데서 나온 말이다. 밀가루로 만드는 수제비와 국수는 고려 시대부터 먹기 시작했으나 수제비라는 단어 자체는 조선 중기에 만들어졌다. 손을 뜻하는 한자 수(手)와 접는다는 의미의 '접'이 합쳐져 '수접이'라 부른 데서 유래되었다. 조선 시대 이래, 여러 가지 목적에서 다양한 형태의 수제비를 만들어 먹기 시작했다. 현재는 평범한 서민적인 음식으로 간주되지만 과거에는 흔히 먹을 수 없어 잔치 때 먹는 특별한 음식으로 취급되기도 했다.

나이 드신 분들 중에는 수제비 이야기만 하면 고개를 절레절레 흔드는 분들도 있다. 어렸을 적에 보릿고개를 넘기 위해 지겹게 먹었던 음식이기 때문이다. 그 당시 수제비에는 애호박이나 감자같은 재료를 넣는 것은 사치였고, 그저 간장으로만 만든 장국 수제비가 전부였다. 그런데 재미있게도 요즘은 다시 그 시절의 담백한 수제비가 각광받고 있다.

또한 수제비는 어떤 음식에나 잘 어울리는 힘을 갖고 있다. 각 지방마다 향토 음식에 수제비를 함께해서 먹는 경우도 이를 입증한다. 농가에서는 보리와 밀 수확이 끝나고 유두(음력 6월 15일) 전후에 햇밀로 수제비를 해 먹었고, 어촌에서는 바지락을 넣거나 얼큰한 생선 매운탕에 수제비를 넣어 먹었다.

⊙ 지역에 따라 수제비를 가리키는 이름들이 다양하다.
경기도와 강원도 뜨데기 또는 뜨덕국
전라남도 떠년죽 또는 띠연죽
전라남도 여수시 다부렁죽
경상남도 수지비, 밀제비, 또는 밀까리장국
경상북도 봉화군 벙으래기

삼청동수제비 ☎ 735-2965　☞ 종로구 삼청동 102
삼청동에서 총리 공관보다 더 유명세를 타는 집이다. 30년 가까이 한결같은 맛을 유지하고 있다. 멸치 다시 국물에 감자, 호박, 부추 등이 들어가 맛을 더한다. 항아리에 수제비를 담아내는 이유는 보온 효과 때문이라고 한다.

뽕씨네얼큰수제비 ☎ 2678-0142
☞ 영등포구 영등포동3가 16-1
영등포에서 수제비로만 20년 이상 되었다. 얼큰 수제비는 김치를 송송 썰어 넣어 칼칼하면서 시원한 맛을 낸다. 직접 담근 단무지가 얼큰한 맛과 잘 조화를 이룬다.

얼큰한조벡이수제비 ☎ 723-5958　☞ 종로구 인사동 190-2
제주도 수제비를 선보이는 곳이다. 조벡이는 제주도 사투리로 해물과 채소를 맵게 끓여 내는 것을 말한다.

신촌수제비 ☎ 334-9252　☞ 서대문구 창천동 30-33
인사동수제비 ☎ 735-5481　☞ 종로구 관훈동 29-2
한순자손칼국수 ☎ 777-9188　☞ 중구 남창동 49
보리울 ☎ 325-8915　☞ 마포구 합정동 413-16
성북동메밀수제비 ☎ 764-0707　☞ 성북구 성북2동 281-1
대원식당 ☎ 393-4804　☞ 서대문구 대현동 34-30
모메존칼국수 ☎ 2625-4821　☞ 구로구 오류2동 108-75

소시지를 닮은
순대

순대의 유래는 서기 563년에 나온 중국의 〈제민요술〉에서 찾는다. 여기에 '양반장도(羊盤腸搗)'라는 이름으로 순대가 소개되었고, 이것으로 미루어 한국에서는 삼국 시대에 순대를 만들어 먹었을 것으로 추정한다. 순대라는 이름은 19세기 말에 나온 요리서 〈시의전서〉에 처음 등장한다.

그렇다면 조선 시대에는 어떻게 순대를 만들어 먹었을까? 1766년 편찬된 〈증보산림경제〉에 나온 레시피는 다음과 같다.

"쇠창자의 겉과 속을 깨끗이 씻어 각 일척 길이로 자르고, 별도로 쇠고기를 칼날로 진흙과 같이 난도하여, 갖은 양념과 유장으로 섞어서 창자 속에 눌러 집어넣고 끈으로 양 머리(끝)를 묶어 고정시키고, 솥 속에 먼저 물을 붓고 대나무를 옆으로 엇갈리게 하고, 그 위에 창자를 앉히면 물에 잠기지 않는다. 아주 잘 익기를 기다려 꺼내어서 차갑게 되면 말발굽 모양처럼 썰어서 초장에 찍어 먹는다."

어쨌든 순대는 지역별, 재료별로 다양한 맛을 낸다. 충남의 병천순대, 경기 용인의 돼지창자로 만든 백암순대, 함경도 명태순대, 아바이순대로 불리는 오징어순대, 민어 부레로 만드는 가보(어교순대), 개고기로 만드는 개장순대, 소 창자로 만드는 선지순대, 양고기를 주재료로 만드는 양반도학장과 관장방 등이 있다.

서양에 소시지가 있다면 한국엔 순대가 있다. 실제로 순대를 만드는 방법은 소시지 가공법과 거의 흡사하다. 순대는 소의 창자 속에 두부, 숙주나물, 파, 표고버섯, 고기 등을 양념해 채워서 쪄서 익힌 음식. 순대를 찍어 먹는 방법도 다채롭다. 지역에 따라 된장, 간장, 소금, 심지어 초고추장에도 찍어 먹는다.

오소리순대 ☎ 918-9797　✆ 동대문구 제기동 1148-10
순대국을 뜨끈한 뚝배기에 끓여 내는 집. 느끼하지 않고 구수한 국물 맛이 일품이다. 메뉴는 고기와 순대국 두 가지뿐이다. 상호인 오소리(吾小利)는 '우리는 적은 이익을 본다'라는 뜻이라고.

서초남순남순대국 ☎ 574-3227　✆ 강남구 도곡동 945-2
이곳은 머리고기로 낸 육수가 인기다. 진하다 못해 걸쭉한 국물은 구수하고 깊은 맛을 낸다. 새빨간 다대기를 넣어 얼큰하게 먹으면 최고의 맛을 음미할 수 있다.

마장왕순대 ☎ 2296-8664　✆ 성동구 마장동 574
부산 서면에서 시작해서 마장동으로 올라와 차린 순대국집이다. 뽀얀 국물에 다진 고기와 채소가 듬뿍 들어가 있다. 이 집의 별미는 부추김치. 순대국에 넣어 먹으면 잡내가 나지 않고 개운하다.

철산집 ☎ 753-4861　✆ 중구 회현동1가 195-11
호남순대국 ☎ 2233-0755　✆ 중구 신당3동 367-4
박서방순대국 ☎ 568-9205　✆ 강남구 삼성1동 156-5
연남순대국 ☎ 332-5268　✆ 마포구 연남동 259-7
함경도왕순대 ☎ 2266-2379　✆ 종로구 종로3가 107-3
서일순대국 ☎ 821-3468　✆ 동작구 신대방2동 377-1
백암왕순대 ☎ 337-7894　✆ 서대문구 연희1동 122-18

야들야들 부드러운
순두부

중국의 〈본초강목〉에 따르면 기원전 2세기 한나라 회남왕 유안(劉安, BC 178~122년)이 두부를 만들었다고 한다. 어느 날 콩 국물을 보관하다 국물이 굳어 고체가 되었는데 이것이 두부의 유래라는 것.

단백질 식품으로 서양에는 치즈가 있고, 동양에는 두부가 있다. 치즈는 우유 단백질을 뽑아내어 발효시킨 것이고, 두부는 콩의 단백질을 뽑아낸 것. 치즈를 만들 때 우유 단백질을 침전시키려고 송아지 위의 레닌이라는 효소를 얻기 위해 서양에서는 연간 2천만 마리의 송아지를 도살하고 있다. 반면, 대한민국은 바닷물에서 얻는 간수로 콩 단백질을 간단히 침전시켜서 두부를 얻고 있다. 단백질 섭취라는 면에서만 보면 두부가 더 환경친화적인 셈이다.

두부의 명칭만큼 재미난 것이 있을까? 콩 두(豆)에 썩을 부(腐)이니 콩이 썩은 것. 두부는 동양인들에게 단백질을 제공하는 훌륭한 음식 중 하나로 꼽힌다. 조선 시대에는 규수가 명문가에 시집을 가려면 99가지 음식을 잘해야 했는데 장과 김치 그리고 두부가 각각 33가지씩이었다고 한다.

최근에는 서양인들도 두부에 관심을 보여 미국의 〈뉴욕 타임스〉는 순두부찌개를 음식 지면에 대서특필하기도 했다. 미국인들은 아직 두부를 고기 단백질을 보충하는 보완음식으로 알고 있는데 〈뉴욕 타임스〉는 그 잘못된 상식을 깨고 다음과 같이 평했다.

"매운 육수에 비단처럼 부드러운 두부가 부추와 쇠고기 조각, 또는 아삭아삭한 김치와 곁들여져 무쇠 그릇에 제공되는 순두부찌개는 이상적인 겨울 음식이다."

정원순두부 ☎ 755-7139 ☏ 중구 서소문동 120-12
40년 전만 해도 태평로 일대에 순두부 공장들이 많았다. 그래서 일대에 순두부 맛집들이 많았고 정원순두부는 그때부터 영업을 이어오고 있다. 본래는 평양순두부였지만 지금의 상호로 바꾸었다고 한다.

백년옥 ☎ 523-2860 ☏ 서초구 서초3동 1450-6
강원도 속초 학사평의 하얀 순두부가 이 집을 대표한다. 기계로 갈지 않고 맷돌로 갈아 부드러운 자연식 순두부이다. 자극적인 양념과 조미료를 쓰지 않아 건강식으로 인기가 많다.

소공동뚝배기집 ☎ 773-9292 ☏ 중구 서소문동 47-7
고춧가루와 참기름으로 맛이 강한 편이다. 순두부에는 돼지고기와 조갯살 등이 들어가 있어 씹는 맛도 있다. 특히 반찬으로 나오는 깻잎 절임이 사람들에게 인기. 조선간장과 소금으로만 1년 동안 재워둔다고.

토방 ☎ 735-8156 ☏ 종로구 관훈동 73-1
뚝배기집 ☎ 2265-5744 ☏ 종로구 관철동 5-1
기와집순두부 ☎ 563-5251 ☏ 강남구 역삼동 659
옛날민속집 ☎ 379-7129 ☏ 종로구 구기동 64-4
두리원손두부 333-1009 ☏ 마포구 서교동 408-31
온마을 ☎ 738-4231 ☏ 종로구 삼청동 123
제일콩집 ☎ 972-7016 ☏ 노원구 공릉1동 633-18

입안 가득히 피어오르는 풀내음 쌈밥

우리의 푸른 산천에는 먹을 수 있는 푸성귀들이 무려 250가지가 된다고 한다. 가히 입안에 자연을 담는다고 말할 수 있다. 나물에는 비타민, 미네랄, 섬유질, 생리활성물질 등이 다량 들어 있어 입맛도 돋우고, 섬유질이 풍부해 소화기관을 자극하며 장세척을 돕는다.

쌈을 싸먹는 음식문화는 밭에서 일을 하다가 캐낸 채소를 날로 먹는 들밥에서 유래한 것으로 본다. 멕시코의 화이타, 중국과 동남아시아의 춘권, 서양의 스프링 롤처럼 외국에도 쌈 음식이 있지만 이들 음식은 조리된 채소나 고기를 싸서 튀기거나 찌는 재 요리 과정을 거치는 것으로 생채소 중심의 우리 쌈문화와는 다르다.

쌈문화의 최고봉으로 불리는 구절판은 각기 다른 8가지 색의 각종 어육, 채소를 전병에 싸서 먹는 것으로 유명하다. 그리고 보쌈은 넓은 배춧잎에 배추 속, 깍두기, 고추, 파, 마늘, 생강, 밤, 삶은 돼지고기, 낙지, 마른 오징어 등의 다양한 재료를 한 보자기에 싸서 먹는 예술행위라고 볼 수 있다. 보쌈김치 역시 아름답고 맛있고 우아한 쌈문화의 진수라 할 만하다. 〈동의보감〉에서는 상추를 '와거(萵苣)'라 하는데 근육과 뼈를 튼튼하게 하고, 오장의 기운을 고르게 하며 머리를 맑게 한다고 했으며, 〈본초강목〉에서는 정력에 좋아 아내의 음욕을 증진시킨다고도 했다. 그래서 '은군초(隱君草)-숨어서 매음하는 자를 뜻하는 은군자에서 얻은 이름'이라는 별명도 얻었다. 상추 다음으로 흔히 먹는 깻잎의 향을 만드는 페릴키논 성분은 방부제 역할을 하는데 균이 많은 고기나 회를 먹은 다음 오는 뒤탈을 예방한다. 이규태는 한국인의 의식에서 싼다는 것은 내부를 외부로부터 가리는 행위요, 곧 외향적인 외개문화(外開文化)에 대한 내향적인 내포문화를 뜻하는 것으로 우리 전통문화의 기조가 되어온 것이라면서 내포형 문화가 음식에 투영되어 쌈문화가 나타난 것이라고 봤다.

산에나물 ☎ 732-2542 🕐 종로구 팔판동 35-1
강원도 등지에서 직접 공수한 제철 나물을 즐길 수 있는 곳이다. 두릅, 얼레지, 참취, 다래순, 유채, 목이 등 평소 접하기 힘든 나물들이 가득 나오고 나물의 고유한 맛을 살리기 위해 파, 마늘 등의 강한 향신료를 쓰지 않고 소금과 들기름으로만 간을 한다.

원조쌈밥집 ☎ 548-7589 🕐 강남구 논현동 165-15
대패삼겹살과 쌈밥의 조화가 대박을 일궈낸 집. 고기가 너무 두터우면 나중에 채소보다 고기 맛이 강해서 제대로 된 쌈밥의 묘미를 즐길 수 없다고.

초당쌈밥 ☎ 313-0537 🕐 서대문구 창천동 9-20
간판에 한국 전통 토속음식점이라고 되어 있는데 그 이름처럼 실내 분위기도 매우 토속적으로 꾸며놓았다. 메뉴가 다양해서 골라 먹기에 좋다. 고기류 쌈밥부터 우렁쌈밥까지 취향에 따라 고를 수 있다.

오수 ☎ 735-5255 🕐 종로구 관훈동 29-9
강촌쌈밥 ☎ 395-6467 🕐 종로구 평창동 460-1
추풍령 ☎ 779-5718 🕐 종로구 인사동 263
수다 ☎ 415-5300 🕐 송파구 신천동 7-12
소담채 ☎ 574-0764 🕐 서초구 원지동 374-1
시골집 ☎ 874-7333 🕐 관악구 봉천7동 1625-5
솔뫼마을 ☎ 720-0995 🕐 종로구 삼청동 62-17

가장 원시적인 음식 죽

평소에 죽을 먹을 기회가 많지는 않다. 그래도 1년에 한 번은 꼭 죽을 먹어야 하는 날이 바로 동짓날이다. 옛날에는 동지를 '작은 설'이라 하여 명절처럼 지키곤 했다고 한다. 고려 시대와 조선 초기의 동짓날에는 새로운 기분으로 하루를 즐기곤 했는데 이는 동지가 새로운 시작을 알리는 절기였기 때문이다.

동지하면 새알심이 들어있는 팥죽이 떠오른다. 나이 수만큼 새알심을 먹어야 진짜 나이를 먹는다고 한다. 동짓날 팥죽을 먹는 유래는 중국의 〈형초세시기〉에서 찾아볼 수 있다. 공공씨(共工氏)의 망나니 아들이 동짓날 죽어서 역신(疫神:전염병귀신)이 되었는데 그 아들이 평소 팥을 무서워해 동짓날 팥죽을 쑤어 악귀를 쫓았다는 이야기이다.

죽은 가장 원시적인 음식이다. 어떤 재료든 간에 푹 끓이면 형태도 사라지고, 먹기 좋은 상태로 변화하기 때문이다. 그래서 어느 나라에서나 죽과 같은 음식들이 다양하게 존재했고 역사 문헌에도 자주 등장한다.

조선시대 문헌에도 죽은 무려 170여 가지가 넘게 나온다. 궁중에서는 평소에 다섯 번의 식사를 했는데 한 두 끼는 우유를 넣고 끓인 타락죽을 올렸다는 기록도 있다.

그리고 〈동의보감〉에서도 아침에 죽을 먹으면 정신이 맑아진다고 했으며 많은 문헌에서 죽 예찬론을 펼치고 있다.

소공죽집 ☎ 752-6400 📍 중구 북창동 86-1
14가지의 다양한 죽을 보고 메뉴를 골라 맛깔난 양념장을 쳐서 먹는다. 최근 들어 일본 잡지에 자주 소개되었던 덕분에 일본 손님들로 더욱 붐빈다. 죽이 아닌 별미 메뉴로 곁들여진 영양솥밥도 인기 있는 음식이다.

송죽 ☎ 2265-5129 📍 중구 필동1가 3-1
40년 넘게 전통을 이어온 보기 드문 죽 전문점이다. 죽의 종류는 7가지로 사골로 우려낸 육수에 참기름에 볶은 멥쌀을 넣고 끓여낸다. 여기에 갖은 반찬이 풍미를 더하는데 김치, 꼴뚜기 젓갈, 동치미가 훌륭하다.

서울서둘째로잘하는집 ☎ 734-5302
📍 종로구 삼청동 28-21
1976년에 창업한 북촌의 명소가 된 집. 재미난 상호 덕분에 인기를 끌고 있다고 생각하지만 그보다는 단팥죽으로 유명하다. 단팥죽에는 큼직한 흰떡, 밤, 콩 등이 들어있는데 무척 맛깔스럽다.

궁과전 ☎ 776-4960 📍 중구 을지로1가 97
해천 ☎ 790-2944 📍 용산구 한남동 653-1
우정죽 ☎ 782-0664 📍 영등포구 여의도동 23-8
본죽 ☎ 766-8477 📍 종로구 연건동 70-1
대여죽집 ☎ 783-6023
📍 영등포구 여의도동 44-4 태양빌딩 1층 1호
초원 ☎ 735-5904 📍 종로구 당주동 160
칸지고고 ☎ 512-0773 📍 강남구 신사동 589-9 알파빌딩

꽃보다 **청국장**

심장병, 치매, 여드름, 다이어트, 혈관질환 등 청국장의 진가가 발휘되지 않는 곳이 없다. 이제는 한국을 넘어 전 세계를 향해 도전장을 내고 있으니 말이다. 실제로 요즘 뉴욕에서는 냄새 없는 청국장이 큰 인기를 끌고 있다고 한다. 대표적인 건강 음식으로 각광받고 있는 청국장은 우리 역사 속에서 고구려와 깊은 연관이 있다. 청국장은 옛 고구려 영토인 만주지방의 기마민족이 단백질을 섭취하기 위해 말안장에 삶은 콩을 넣고 다녔다는 데서 유래했다고 전해진다. 된장이 오랜 시간 발효가 필요한 재료라면 청국장은 하루 이틀만에도 만들어질 수 있기 때문이다. 고구려 사람이 말을 타고 활을 쏘는 것만 잘했다고 생각하면 오산이다. 삼국지 위지동이전을 보면 한민족은 예로부터 장을 잘 담그는 민족으로 알려져 있다. 고구려인은 장 담그고, 술 빚는 솜씨가 매우 훌륭했다는 것이다. 청국장의 어원에 대해서는 두 가지 설이 유력하다. 하나는 청나라에서 전해졌다고 해서 '청국장(淸國醬)'이라는 설과, 전쟁에서 비상식량 대용으로 간단히 만들어 먹을 수 있는 장이라는 의미의 '전국장(戰國醬)'이 지금의 청국장으로 변용되었다는 설이다. 청국장의 독특한 냄새는 청국장이 만들어지는 과정에서 공기 중의 많은 잡균에 의해 발효되기 때문이다. 영양이 풍부한 청국장은 5분 이내로 가열해야 한다. 오래 끓이면 유익한 균이 줄어든다. 생으로 먹으면 더 좋다.

별궁식당 ☎ 736-2176 ✆ 종로구 안국동 175-21
청국장 특유의 냄새가 심하게 나지 않으면서 부드럽고 고소한 맛을 낸다. 무주 구천동에서 생산한 순수한 우리 콩으로 장모님이 직접 만들었다는 장모님 도장까지 찍힌 차림표가 사람들에게 신뢰감을 준다. 들깨가루가 들어가는 것이 독특하다.

사직분식 ☎ 736-0598 ✆ 종로구 필운동 137-4
허영만의 만화 식객 제4권 제16화 청국장편에 등장하는 사직분식. 주인장은 "청국장 냄새는 그리운 고향이며 어머니의 내음이며 어린 시절 추억의 단편들"이라고 말한다. 그냥 먹어도 될만큼 구수하고 짜지도 않다. 게다가 매일 바뀌는 9가지의 반찬도 탁월하다.

진주청국장 ☎ 525-6919
✆ 서초구 서초2동 1365-22 원효빌딩 B1
시초는 1986년 진주에서 처음 청국장을 시작했고 이후 여의도에서 이름을 날리다 지금은 서초동으로 옮겼다. 깔끔한 인테리어에 규모도 크다. 바지락이 들어가 맛이 구수하고 순하다. 코스 요리로 시켜서 먹어보는 것도 괜찮다.

안동할매청국장 ☎ 743-8104 ✆ 성북구 성북동 12
향나무세그루 ☎ 720-9524 ✆ 서울 종로구 삼청동 62-18
풍류사랑 ☎ 730-6431 ✆ 종로구 관훈동 29-5
고향식당 ☎ 2264-0240 ✆ 중구 필동 21-32
풍년식당 ☎ 416-9060 ✆ 송파구 송파1동 27-8
한국회관 ☎ 304-9074 ✆ 서대문구 홍은동 309
전주청국장 ☎ 541-3579 ✆ 서초구 잠원동 19-6

꽃 보 다 청 국 장

해장술 모주와 함께 하는 콩나물국밥

전 세계적으로 한국만큼 콩나물을 애용하는 나라가 또 있을까. 그래서 일본의 일부 요리책에서는 콩나물을 소개할 때 한국 사람들이 주로 먹는다고 하는가 하면, 콩나물을 영어로 'Korea Soybean'이라고 표기한다고 한다. 콩나물 종류의 음식만 100가지가 넘으니 더 이상 무슨 말이 필요할까. 다른 동양권 나라에서는 보통 숙주나물은 많이 먹지만 콩나물은 역사 문헌에서도 잘 드러나지 않는 편이다. 조선 시대에는 청심환의 원료로 중국에 수출되기까지 한 귀중한 약재이기도 했으며 지금도 청심환의 원료로 사용되고 있다.

콩나물을 즐겨 먹는 한국에서도 특히 콩나물과 깊은 관계를 가진 듯 보이는 지역은 전주. 한정식의 지역 전주를 대표하는 비빔밥과 콩나물국밥의 공통분모 역시 콩나물이다. 그렇다면 왜 전주 사람들은 콩나물에 심취했던 것일까? 예로부터 전주 지방의 물에는 철분이 많아 이로 인해 풍토병이 발생했고 이를 예방하기 위해 콩나물을 많이 먹게 됐다고 한다. 전주의 콩나물국밥은 '일반식'과 '남부시장식'으로 나뉘는데 뚝배기에 콩나물국을 팔팔 끓이고 여기에 날달걀을 풀어 새우젓으로 간을 맞추는 것이 일반식이고, 멸치와 다시마, 무 등으로 국물을 낸 뒤 여기에 삶은 콩나물을 넣고 데워 내는 것이 남부시장식이다.

콩나물국밥을 먹을 때면 항시 같이 나오는 술 모주. 모주(母酒)란 청주를 뜨고 나서 막걸리를 거르고 난 술 지게미에 다시 물을 부어 만든 술로 실제 알코올 도수는 거의 없다고 볼 정도다. 전주 한옥생활체험관의 관장인 이동엽 선생은 전주에서 마시는 해장술은 모주(母酒)가 아니라 새벽 어두컴컴한 때 마시는 술이라 하여 모주(暮酒)라고 주장하기도 한다. 속풀이 술로 통하는데 따뜻하게 데워 먹으면 좋고, 끓이는 과정에서 알코올 성분이 많이 희석돼 도수는 강하지 않다.

전주한일관 ☎ 569-0571 ✆ 강남구 역삼동 823-35
전주한일관은 본래 전주에서 유명했던 집으로 창업자인 박강임 씨가 93년 서울로 이전했다. 현재는 맏딸이 운영하고 있고, 전주한일관의 전통인 북어와 멸치 등으로 고아낸 국물이 특징이다.

산야로 ☎ 889-3390 ✆ 관악구 청룡동 1592-13
산야로에 가면 사람들은 전주에서 먹은 느낌이 든다고 한다. 전주 스타일에 충실하면서도 비리지 않은 멸치국물에 오징어가 들어가 있어 국물맛이 더 시원하다.

완산정 ☎ 878-3400 ✆ 관악구 행운동 858-2
완산정의 모주는 부드러우면서도 진한 막걸리 맛으로 인기가 있다. 국물은 김치를 넣고 끓여서 칼칼하면서도 매콤한 맛이 난다. 그래서 이름도 콩나물 '해장국' 이다. 들깨가루로 버무린 반찬도 저마다 맛이 있다.

전주중앙회관 ☎ 778-8696 ✆ 중구 북창동 90-1
오복정 ☎ 755-1551 ✆ 중구 서소문동 120-12
일흥옥 ☎ 923-9476 ✆ 성북구 삼선동 5가 396
장수분식 ☎ 777-5974 ✆ 중구 을지로2가 199-48
전주유할머니비빔밥 ☎ 752-9282 ✆ 중구 북창동 12-2
덕수분식 ☎ 778-6886 ✆ 서울 중구 태평로2가 365
전주이맛콩나물국밥 ☎ 464-8704 ✆ 성동구 성수동1가 1동 660-10

어릴 때부터 한식에 길들어온 우리들은 늘 먹는 음식이라는 생각 때문인지 밖에서 사 먹는 한식에 대한 점수에 매우 박하다. 우리의 음식을 스스로 외면하고 낮게 평가하면서 외국에 한식의 아름다움을 알린다는 것은 넌센스가 아닐까.

아름다운 미식으로의
초대 **한정식**

서울 소재의 특 1급 호텔 19개 가운데 한식당을 운영하고 있는 곳은 고작 4군데뿐이다. 한식 요리가 손이 많이 가는데다 재료비도 비싸서 손해를 보면서 팔아야 하는 음식이기 때문이다. 그러다보니 한식당은 점점 사라져 가는 추세이기도 하다. 어디 그뿐일까. 어릴 때부터 한식에 길들어온 우리들은 늘 먹는 음식이라는 생각 때문인지 밖에서 사먹는 한식에 대한 점수에 매우 박하다. 맛에 대해서도 칭찬보다는 불평이 주를 이룬다. 엄마가 해준 게 더 맛있다는 결론을 내리면서 말이다. 우리의 음식을 스스로 외면하고 낮게 평가하면서 외국에 한식의 아름다움을 알린다는 것은 어찌 보면 넌센스가 아닐까. 정부는 한식 세계화를 외치고 있다. 한식을 세계 5대 요리로 키우겠다는 포부도 밝혔다. 그렇다면 그 무엇보다 우리들 스스로 한식을 사랑하는 마음을 갖는 것이 최우선 되어야 할 듯 싶다.

필경재 ☎ 445-2115 ☞ 강남구 수서동 739-1
세종대왕의 5남인 광평대군의 증손 이천수가 성종 때 건립한 전통 사대부 가옥이다. 1987년 전통건조물 제1호로 지정되었고, 1999년에 한식 레스토랑으로 문을 열었다. 외국 손님을 모시기에 좋은 곳. 식사를 마치고 뜰에서 차를 즐길 수 있다.
궁연 ☎ 3673-1104 ☞ 종로구 가회동 170-3
한정식의 대모로 불렸던 황혜성 선생의 딸인 요리연구가 한복려 씨가 운영하는 집이다. 이제는 잊혀져 가는 조선 궁중 음식을 전문으로 하고 있다. 궁연이라는 이름은

'궁궐 잔치'라는 뜻을 담고 있다.

이궁 ☎ 765-3700   성북구 성북2동 330-115

70~80년대 요정으로 유명했던 삼청각이 변화된 곳. 궁중 음식을 전문으로 하면서 외국인들도 부담 없이 즐길 수 있도록 맛을 개량했다. 다양한 코스 요리가 있고 채식주의자를 위한 코스 요리도 준비되어 있다.

장원 ☎ 734-3283   종로구 필운동 296

1958년 종로구청 앞에서 시작했다. 대한민국에서 정치를 하려면 장원으로 가라는 말이 있을 정도로 정관계 인사들이 즐겨 찾던 곳이다. 그래서 이곳의 주인은 별명이 헌병으로 불릴 정도로 이곳에서 있었던 일이 외부로 새어나가지 않도록 조심했다는 후문이다.

두레 ☎ 732-2919 종로구 인사동 8-7

주인은 항상 식당의 냉장고는 가능한 한 비어 있어야 한다고 주장한다. 50년 전, 밀양에서 문을 열었고 대를 이어 1988년부터 인사동에 터를 잡았다. 매일매일 그날 날씨와 계절에 맞게 상을 올린다. 계절에 따라 김치 종류만 20가지가 넘는다.

랑 ☎ 3446-2674   강남구 삼성동 78
석파랑 ☎ 395-2500   종로구 홍지동 125
온달 ☎ 450-4518   광진구 광장동 산21 워커힐호텔
봉래헌 ☎ 2660-9020   강서구 외발산동 426 메이필드호텔
들풀 ☎ 745-9383   종로구 명륜동 71-1
마리 ☎ 393-3377   서대문구 대신동 85-3
솔뫼마을 ☎ 720-0995   종로구 삼청동 62-17
용수산 ☎ 739-5599   종로구 삼청동 11-3
지화자 ☎ 2269-5834   중구 장충동2가 14-67
채근담 ☎ 555-9173   강남구 대치동 983
풍년명절 ☎ 375-8007   은평구 응암3동 126-37
소선재 ☎ 730-7002   종로구 삼청동 113-3
고메홈 ☎ 568-4595   강남구 대치4동 901-72
배동받이 ☎ 777-9696   종로구 삼청동 27-3
국화정원 ☎ 741-0020   성북구 성북2동 264

쓰린 속을
풀어주는 해장국

진정한 술꾼은 술을 잘 마시는 것보다 마신 술을 어떻게 푸는지 잘 아는 사람이다. 그런 점에서 고수들은 저마다 즐겨 찾는 해장국집을 알고 있다. 요즘에는 피자나 자장면으로 해장한다는 사람도 있지만, 뭐니뭐니해도 해장에는 종류도 다양한 해장국이 최고. 해장국의 해장은 '술로 쓰린 창자를 푼다'라는 뜻의 '해정(解酲)'에서 나왔다. 그래서 술 마신 다음날 해정국을 먹는다고 했다가 이후 해장국으로 변용된 것이라 한다.

해장국은 어쩐지 옛날 옛적의 음식 같지만 실은 인천항 개항과 큰 연관이 있다. 인천을 왕래하던 중국인들과 일본인들이 고기를 먹고, 그 외 부분인 내장과 뼈들을 모아 끓이면서 시작되었다는 것이다. 부두 노동자들이 술 마시고 다음날 주로 먹게 되면서 해장국으로 유명세를 타기 시작했단다.

그런데 왜 술을 마시면 다음날 술이 깨면서 속이 메스꺼운 것일까? 술을 마시면 수분과 함께 미네랄 등 많은 전해질이 몸 밖으로 배출된다. 다음날 몽롱하고 무기력한 이유가 바로 전해질이 빠져나가 생긴 원인이다. 그리고 알코올이 분해되면서 생기는 아세트알데히드란 유해 성분 때문에 속이 메스꺼운 증상이 나타나는 것.

숙취로 고생하는 한국인들은 바로 이럴 때 해장국을 찾는다. 무엇보다 해장국은 그 종류가 다양하다. 선지해장국부터 콩나물해장국, 뼈다귀해장국까지 오랜 술 문화와 함께 공존하며 발달해 왔다. 지역에 따라서는 올갱이해장국, 재첩국, 물메기탕, 짱뚱어탕, 연포탕, 복국, 성게국, 추어탕 등 다양하다.

청진옥 ☎ 735-1690 ✆ 종로구 종로1가 24 르메이에르 1층
1937년 시장 구석에 국솥을 하나 걸어놓고 국밥을 팔면서 시작됐다. 처음에는 가게 이름도 없다가 평화관에서 이후 청진옥으로 개명했다. 70년을 넘게 이어온 가게가 재개발로 이전했다.

어머니대성집 ☎ 923-1718 ✆ 동대문구 용두2동 754-9
40년 손맛으로 일군 아침 속풀이의 절정이다. 해장국에 청양고추를 넣고 반찬으로 나오는 조개젓을 조금 얹어 먹으면 환상의 궁합이다. 조리할 때 기름을 걸러내서 깔끔하고 담백한 맛이 특징이다. 밤 10시에 열어 이튿날 오후 4시에 문을 닫는다.

터줏골 ☎ 777-3891 ✆ 중구 다동 173
1968년에 개업했고 통북어를 두들겨 작두로 썰어 끓인다. 하루에 만들어지고 판매되는 육수가 1.2톤 이상이고 1년에 8만~10만 마리의 북어를 사용한다. 사골을 11시간 끓인 국물에 통북어를 넣는다.

대성집 ☎ 735-4259 ✆ 종로구 교북동 87
용문해장국 ☎ 712-6290 ✆ 용산구 용문동 8-95
영춘옥 ☎ 765-4237 ✆ 종로구 돈의동 131
버드나무집 ☎ 3473-8354 ✆ 서초구 서초2동 1340-5
대중옥 ☎ 2293-2322 ✆ 성동구 하왕십리동 297-2
청일옥 ☎ 733-5282 ✆ 종로구 청진동 190-1
부민옥 ☎ 777-2345 ✆ 중구 다동 134-4

육식의 만찬

※ 메뉴는 가나다순입니다.

갈비 질리지 않는 맛, 그러나 서민들이 가까이 하기엔 너무 먼 가격
감자탕 뼈 사이사이 숨어 있는 살까지 발라먹는 즐거움! 감자와 돼지 뼈의 궁합
곰탕 사태, 꼬리, 양, 곱창… 질 좋은 부위만 골라 폭 우려낸 국물 맛 & 씹는 맛의 진수
곱창 씹을수록 고소하다! 기분 좋게 구워 먹는 쫄깃쫄깃한 육질의 극치
돼지갈비 달콤 짭조름한 양념이 골고루 스며든 서민 음식의 대표주자
돼지고기구이 삼겹살, 항정살, 갈매기살, 가브리살, 볼살… 부위 별로 골라 굽는 재미
보쌈 제대로 맛이 든 김치와 곁들여 더욱 감칠 맛 나는 우리 음식
불고기 한국인도, 외국인도 모두 극찬하는 쇠고기 요리의 대중화 메뉴
삼계탕 찹쌀과 인삼, 대추… 기운 없는 여름을 이기는 보양식의 대 마왕
샤부샤부 팔팔 끓는 육수에 고기 풍덩, 채소 풍덩! 살짝 익힌 재료를 소스에 찍어 먹는다
설렁탕 세종대왕이 선농단에서 고사를 지낼 때 올렸던 정성 음식
쇠고기구이 살짝 구워 한 입 크기로 썬 양질의 쇠고기를 맛보는 즐거움이 남다르다
스테이크 가격은 비싸지만 특별한 날 기분 내면서 즐기기에 딱 좋은 명품 음식
오리고기 콜레스테롤을 낮추고 혈액순환을 돕는 중국 황제들의 건강 요리
족발 콜라겐과 젤라틴의 만남! 짭짤한 새우젓에 찍어 쫄깃쫄깃하게 즐기는 한 입
치킨 부위마다 씹는 재미와 맛이 다른 맥주 안주의 최고봉

가까이 하기엔 너무 먼 갈비

갈비 장사가 호황을 누렸던 시기는 1960년대부터 1980년대 후반까지. 이 당시만 해도 '외식하자' 라는 말은 곧 '갈비 먹으러 가자' 와 같은 뜻으로 여겨졌을 만큼, 가정에서는 감히 해 먹을 엄두조차 내지 못했던 고급 음식으로 취급되었다. 어쨌든 시대가 변해도 갈비에 대한 호감도는 변함없는 것처럼, 세월이 지나도 갈비는 여전히 그 가격 때문에 가까이 하기 어려운 존재로 남아 있는 것이 사실이다. 지금의 갈비가 탄생한 것은 수원의 갈비집 '화춘옥' 에서 유래된 것으로 보고 있다. 이후 벽제를 거쳐 서울에 갈비가 유행하게 되는데 당시 유명했던 업소가 '벽제갈비', '늘봄공원', '삼원가든' 이었다. 갈비는 보통 소 한 마리에서 두 짝이 나오는데 당시 하루에 100짝을 팔았다고 하니 그 엄청난 양에 놀라지 않을 수 없다. 게다가 늘봄공원이 한창 절정기일 때는 직원이 무려 140명에 달했다고 하니 갈비가 어느 정도로 붐을 이루었는지 짐작할 만하다. 1970년대 중반부터는 강남지역이 개발되면서 새로운 고급 식당들이 들어서기 시작했는데, 이때의 한식당 이름은 대부분 가든, 파크, 공원 등으로 갈비와 냉면을 전문적으로 취급하는 식당이었다. 포천 이동갈비는 80년대 초에 시작된 음식으로 수원갈비와 달리 작게 썬 조각 갈비다. 보통 한 대인 갈비뼈를 세로로 잘라 두 대로 만드는데 이 조각 갈비 10대를 1인분으로 계산하는 바람에 '이동갈비는 싸고 푸짐하다' 는 극찬을 받으며 전성기를 누리기 시작했다.

벽제갈비 ☎ 415-5522 ☞ 송파구 방이1동 205-8
국내 최고를 지향하는 벽제갈비. 한우가 세계에서 가장 우수한 고기라는 자부심으로 고객들을 맞이한다. 〈아시아 월스트리트 저널〉을 통해 '아시아 최고 음식점' 및 '아시아 베스트5 전 세계 24개 도시 최고 음식점'으로 선정된 바 있다.

삼원가든 ☎ 548-3030 ☞ 강남구 신사동 623-5
1976년 삼원정으로 시작해 1981년 현재의 신사동 삼원가든으로 이름을 바꿨다. 한국에서 가든이라는 상호를 유행시킨 곳으로 한 번에 1,200여 명의 손님을 맞을 수 있다. 지난 30년 동안 고객 3,200만 명에게 갈비 4,860만 명분, 소 23만 마리를 판매했다는 기록을 남긴 곳.

우미각 ☎ 579-7113 ☞ 강남구 도곡동 180-1
한우 암소 생등심 전문점으로 알려진 곳이다. 한우 암소 최고등급인 1++을 표시하는 축산물등급판정확인서를 매장 내에 비치해 신뢰를 준다. 고기가 들어오면 3~5도에서 5일간 숙성시켜 제공한다. 위치상의 약점을 맛과 신뢰로 극복하고 인기를 얻고 있다.

조선옥 ☎ 2266-0333 ☞ 중구 을지로3가 229-1
홍능갈비집 ☎ 965-0420 ☞ 동대문구 청량리동 520-14
코리아하우스 ☎ 3443-2121
☞ 강남구 청담동 125-6 아름빌딩 1층
버드나무집 ☎ 3473-8354 ☞ 서초구 서초2동 1340-5
봉피양 ☎ 415-5527 ☞ 송파구 방이동 205-8
대중옥 ☎ 2293-2322 ☞ 성동구 하왕십리1동 297-2
연남식당 ☎ 716-2520 ☞ 마포구 노고산동 109-69

가 까 이 하 기 엔 너 무 먼 갈 비

뼈 바르고 감자 골라먹는 재미 **감자탕**

감자탕을 먹으러 간 사람들 사이에서 은근히 벌어지는 암투가 있다. 정작 이름은 감자탕인데 감자가 생각만큼 많지 않기 때문에 정작 돼지뼈보다 감자부터 건지는 사람들이 많다. 그렇다면 왜 감자탕일까? 감자 두어 알이 고작인 탕을 왜 감자탕이라고 이름 붙였을까? 대다수의 사람들은 감자탕의 감자가 우리가 흔히 접하는 채소로 알고 있다. 하지만 감자탕에서 말하는 감자란 돼지 등뼈 사이에 붙어 있는 노란 빛깔의 고기 부분을 지칭하는 말이다. 결국 감자탕은 주원료인 돼지고기 감자 부위의 이름을 따서 만든 요리인 셈이다.

감자탕은 일본에서도 인기 만점이다. 일본의 정통 라멘 국물을 내는 재료가 다름 아닌 돼지 뼈이기 때문에 그 맛에 익숙한 일본인들에게도 원시적인 느낌의 감자탕이 인기몰이를 하고 있는 것이다. 특히 젊은 여성들을 중심으로 피부 미용에 좋다는 소문이 퍼지면서 더욱 화제의 중심이 되고 있다. 실상 일본에서는 이렇게 손으로 뜯어먹는 고기류의 요리가 거의 없는 것도 손맛을 자극하는 효과를 주었다.

감자탕의 유래는 농번기에 필요한 소 대신 돼지를 잡아 뼈를 우려낸 국물을 먹기 시작한 삼국 시대로 보는 견해가 있다. 이후, 인천항이 개항하면서 인천의 대표 음식으로 자리 잡았다. 또한 일제시대 때 탄광촌에서도 진폐증을 예방하기 위해 감자탕을 자주 먹었다고 알려진다. 마치 요즘 황사 때문에 삼겹살을 많이 찾듯이 돼지고기가 인체에 쌓인 중금속 등 독소를 해독하는 효능이 있다고 믿었기 때문이다.

태조감자국 ☎ 926-7008 　 성북구 동소문동5가 64
식당 앞에는 1958년 선친이 가게를 열었다는 내력이 적혀 있을 만큼 제법 긴 역사를 가진 곳. 수프처럼 걸쭉하고 부드러우며 맵지 않다. 진한 육수의 맛을 단번에 느낄 수 있으며 수제비와 떡이 들어간 것도 독특하다. 이전에는 콩비지도 했지만 1971년부터는 감자국만 전문으로 하고 있다.

태조대림감자국 ☎ 306-6535 　 은평구 응암3동 603-74
기름기가 거의 없이 매우 담백한 맛이 특징이다. 얼리지 않은 돼지 뼈와 햇감자만 사용하는 것도 이 집의 자부심이다. 5시간 정도 끓이고, 마지막으로 다양한 한약재를 넣어서 기름기를 없앤다고 한다.

송가네감자탕 ☎ 3141-6557 　 마포구 연남동 258-5
택시기사들 사이에서 꽤 유명한 집이다. 혼자 와서 먹기에도 부담 없고 24시간 영업이라 밤늦은 시간에 한 잔 생각나면 찾아갈 수 있다. 감자탕에는 실하게 붙은 돼지 뼈가 담백한 맛을 더한다. 보쌈도 인기가 많다.

시골감자국 ☎ 302-8484 　 은평구 응암4동 602-32
신미식당 ☎ 516-4900 　 강남구 신사동 615
서부감자국 ☎ 356-4555 　 은평구 녹번동 181
장군감자국 ☎ 309-7035 　 은평구 응암4동 602-30
이화감자국 ☎ 307-4723 　 은평구 응암4동 602-34
삼해집 ☎ 2273-0266 　 종로구 관수동 42
영수네감자국 ☎ 955-3917 　 도봉구 도봉1동 572

맑은 장국으로 불렸던 **곰탕**

고기를 넣어 끓인 탕이나 국은 제법 많은 편이지만 육류 구이 못지않은 맛과 영양을 자랑하는 대표 탕은 설렁탕과 곰탕이다. 단, 설렁탕이 대중적이라면 곰탕은 좀 더 고급스럽고 값이 비싼 편. 수없이 설렁탕과 곰탕을 먹고 있지만, 정작 설렁탕과 곰탕이 어떤 차이를 지니고 있는지 정확히 파악하고 있는 사람은 많지 않은 편이다. 아니 그보다는 정확하게 둘의 차이를 짚어주는 게 어렵기 때문일 수도 있다. 여러 자료들을 참고해도 명쾌하게 밝히지 못하고 다음과 같이 설명할 뿐이다. 곰탕은 사태, 꼬리, 양, 곱창 등을 넣고 끓여서 국물이 맑은 편. 설렁탕은 잡육과 내장 등 거의 모든 부위를 넣고 끓여서 국물이 뽀얗고 진한 편이다. 그래서 곰탕으로 일가를 이룬 집들은 맑은 국물을 유지하기 위해 엄청난 정성을 들인다. 이전에는 곰국, 고음(膏飮), 맑은 장국 등으로 부르기도 했던 것이 바로 곰탕이다.

곰탕은 특히 남도의 음식으로 알려져 있는데 그 중에서도 나주곰탕이 유명하다. 나주곰탕은 약 20년 전부터 나주읍성의 장터에서 팔던 장국밥에서 시작되었다. 소를 잡을 때 나오는 머리고기, 뼈, 내장 등을 이용해 팔던 장국밥, 일명 곰국이 나주곰탕의 원조인 것으로 보고 있다. 그런데 아이러니하게도 나주에서 유명한 곰탕집들은 외지에서 찾아온 손님들이 주를 이루고 있다는 평이다. 아마도 집에서 늘 먹는 음식이기에 굳이 외식 메뉴로 곰탕을 택할 필요가 없기 때문이 아닐는지.

하동관 ☎ 776-5656 ⌂ 중구 명동1가 10-4
1939년 창업해 이제는 한국 곰탕의 자존심으로 남아 있는 집이다. 늘 한결 같은 맛으로 가장 칭송받는 곰탕집. 내포(내장을 많이 넣어 달라는 뜻), 깍국(깍두기 국물을 곰탕에 부어 달라는 뜻), 맛배기(밥의 양을 줄여 달라는 뜻) 등 하동관만의 독특한 용어도 재미있다.

은호식당 ☎ 753-3263 ⌂ 중구 남창동 50-43
꼬리곰탕으로 유명한 이곳은 맑은 국물이 특징이다. 꼬리곰탕은 아무리 끓여도 맑은 것이 정상이며 사골을 우려내야만 설렁탕처럼 뽀얗게 된다고. 뚝배기에 나오는 꼬리곰탕은 꼬리부터 먹고 밥을 말아먹는 것이 맛을 즐기는 순서다.

영춘옥 ☎ 765-4237 ⌂ 종로구 돈의동 131
1942년 종로에서 시작했다. 오후 3시부터 하루에 단 40그릇 정도만 파는 '따귀'는 해장국 육수를 우려낸 뼈다귀를 뚝배기에 담아 주는 요리로 이집만의 특별 메뉴다. 어른 주먹만한 꼬리찜은 묵직한 살덩이를 씹는 특별한 즐거움이 있다.

백송 ☎ 736-3564 ⌂ 종로구 창성동 153-1
원조현풍박소선할매집곰탕 ☎ 521-7722
⌂ 서초구 서초동 1674-5
나물먹는곰 ☎ 323-9930 ⌂ 마포구 서교동 395-199
길풍식당 ☎ 2634-1359 ⌂ 영등포구 양평동4가 56
청일옥 ☎ 733-5282 ⌂ 종로구 청진동 190-1
진주집 ☎ 318-7072 ⌂ 중구 남창동 34-32
덕원 ☎ 2634-8663 ⌂ 영등포구 영등포동2가 94-28

맑은 장국으로 불렸던 곰탕

쫄깃쫄깃한 육질의 극치 **곱창**

소를 완벽히 해체해서 모든 부위를 식용으로 사용하는 나라는 전 세계에 한국이 유일하다고 해도 과언이 아니다. 아프리카의 '보디족'은 소 부위를 40여 가지로 나누고, 영국은 25가지 정도로 분류하는데 반해 한국은 125가지 부위로 세분화한다고 하니 가히 쇠고기 문화를 선도할 만하다. 우리가 잘 먹는 소의 내장 부위만 해도 이렇게 여러 가지의 음식으로 재탄생한 곳이 없을 정도.

가까운 나라 일본이 곱창을 먹기 시작한 것은 한국에서 강제로 징용되어 건너간 이주민들 덕분이다. 이전까지는 곱창을 대부분 버렸다는데 재일 한국인들이 곱창을 요리해 먹자, 이들도 여기에 함께 **빠져들게** 된 것. 일본에서는 곱창을 '호르몽'이라 부르는데 스태미나식품으로 인기를 끌고 있다.

곱창의 '곱'은 기름을 의미하고, '창'은 창자를 말한다. 쇠곱창은 소장을 말하고, 대창은 대장으로 소장보다 3~4배의 길이를 가진 부위. 보통 대창은 양념구이로 많이 먹고, 곱창은 일반 구이로 많이 먹는다.

소는 4개의 위를 가지고 있는데 첫 번째 위를 양이라고 한다. 양의 가장 두터운 부위를 깃머리라고 부르는데 가장 쫄깃하지만 부위가 크지 않아 비싼 편이다. 두 번째 위는 벌집이라 하는데 누린내가 나고 육질이 질겨서 꼼꼼한 손질이 필요하다. 세 번째 위는 처녑이라 하는데 보통 곱창집에서 서비스로 잘 나온다. 처녑 서비스가 후한 곳을 좋은 곱창집이라 부르는 것은 손질하기 힘들고 쉽게 상하는 등 취급의 어려움이 많은 부위이기 때문이다. 네 번째 위는 바로 막창. 정식 명칭은 홍창이라고 한다.

양미옥 ☎ 2275-8837 ✆ 중구 을지로3가 161
남편은 한국 1세대 맛 칼럼니스트이고 부인은 알아주는 요리 솜씨로 유명하다. 양념이 약간 매운 듯하면서 달착지근하고 양구이와 대창구이는 부드럽고 쫄깃하다.

오발탄 ☎ 404-0090 ✆ 송파구 오금동 4-13
마니아들은 양 두께만 봐도 좋은 집인지 아닌지 쉽게 알 수 있다. 마니아들이 즐겨 찾는 이 집은 염통과 양, 대창을 한데 올려 굽고, 한약재를 사용한 소스를 사용한다. 참숯에 구워 맛이 배가된다.

서대문곱창 ☎ 2266-4345 ✆ 중구 충무로4가 24-6
30년 넘게 곱창을 판매하는 전통의 명가다. 곱창을 주문하면 불판에 곱창과 차돌박이를 올려준다. 차돌박이부터 먼저 먹다보면 서서히 곱창이 익어간다. 곱창이 익으면 술을 뿌려 잡미를 없애준다.

곰바위 ☎ 552-7761 ✆ 강남구 삼성동 151-4
원조황소곱창 ☎ 333-7117 ✆ 마포구 망원동 373-3
평양집 ☎ 793-6866 ✆ 용산구 한강로1가 137-1
마포곱창 ☎ 717-7415 ✆ 마포구 도화동 56
양마니 ☎ 784-9282 ✆ 영등포구 여의도동 13-3
장가네곱창 ☎ 717-2425 ✆ 마포구 용강동 122-13
진주집 ☎ 991-1514 ✆ 강북구 번동 463-42

입맛을 사로잡는 양념에 푹 절여진
돼지갈비는 냄새로, 육질로, 맛으로…
여기에 저렴한 가격까지 더해져
서민들을 즐겁게 해주는 음식이다.

돼지가 양념에
빠진 날 **돼지갈비**

오스트리아의 수도인 비엔나에 가면 세계인들에게 사랑받는 커피보다 더 유명한 음식이 있다. 다름 아닌 '애저(兒猪)갈비'이다. '슈페어 립스'라는 돼지갈비로 오스트리아인들이 보양식으로 먹는 음식이다. 과거에는 새끼 돼지를 이용했지만 요즘은 새끼 돼지 도축이 금지되어 다 자란 돼지를 사용한다. 운치있는 도나우강 주변에서 생맥주 한 잔과 함께 하면 그 맛이 예술이라는 슈페어 립스. 물론 우리의 돼지갈비와는 그 분위기가 사뭇 다르다.

요즘 돼지갈비를 먹는 이들 중에는 불만의 목소리를 높이는 이가 적지 않다. 소위, 명칭이 돼지갈비인데 갈비뼈가 보이지 않는다는 이유 때문이다. 저가의 다른 부위를 써서 돼지갈비 흉내를 내기 때문이다. 어쨌든 그렇다고는 해도 그만한 가격으로 그만큼 푸짐하게 먹을 수 있는 음식도 드문 편이니 돼지갈비에 대한 서민들의 애정은 식지 않는 편이다.

돼지갈비를 맛있게 굽기 위해서는 자주 뒤집지 말 것. 육즙이 빠져나가기 때문인데 그래서인지 '고기는 두 명 이상이 구워서는 안 된다'는 속설이 있을 정도다. 육즙이 배어날 때까지 기다렸다가 한 번만 뒤집어서 먹는 것이 가장 맛이 좋다.

명월집 ☎ 764-6354 ☞ 성북구 동소문동 1가 62
다른 곳에서는 절대 볼 수 없는 독특한 철판이 시선을 사로잡는다. 섭씨 300도의 고온에서 초벌구이를 마친 고기를 내준다. 신선한 고기가 없으면 가게를 열지 않기도 하고, 처음 주문한 것 외에 추가 주문도 받지 않는다. 하지만 맛은 동급 최강이라 할 만하다.

통술집 ☎ 362-3048 ☞ 서대문구 미근동 171
본래 상호는 '원숯불갈비'이지만 사람들에겐 통술집으로 통한다. 1963년에 오픈했는데 처음에 복권을 사서 당첨된 돈으로 남대문에서 백반집을 하다가 지금의 이곳에 정착했다고. 오래된 외관이 이 집의 전통을 대변한다.

조박집 ☎ 712-7462 ☞ 마포구 용강동 40-1
많은 방송과 신문의 인터뷰를 사절하고 있는 조박집. 언론에 소개되어 뜨내기 손님이 많아질수록 맛과 분위기가 흐트러진다는 이유로 거절하고 있단다. 투박한 그릇들이 맛을 더하고, 양푼에 된장찌개를 넣고 비벼먹는 것도 일품이다.

안성집 ☎ 2279-4522 ☞ 중구 을지로3가 208-1
우성갈비 ☎ 2231-6722 ☞ 중구 신당3동 372-40
마포최대포 ☎ 719-9292 ☞ 마포구 공덕동 255-5
돈뼈락연탄갈비 ☎ 887-5579 ☞ 관악구 봉천6동 1666-26
뚱보돼지갈비 ☎ 2267-1801 ☞ 중구 필동1가 3-19
마포집 ☎ 529-2954 ☞ 강남구 도곡2동 411-13
모래내갈비 ☎ 373-3518 ☞ 서대문구 남가좌1동 291-25

삼겹살 편식을
깨라 **돼지고기구이**

얼마 전 와인 전문가로부터 와인에 사용되는 포도 품종이 1천 종이 넘는다는 말을 듣고 놀란 적이 있었는데 마찬가지로 전 세계에서 사육하는 돼지도 1천 종이 넘는다고 한다. 한반도에서는 약 2천년 전부터 돼지가 살았던 것으로 추정되는데 삼국 시대에는 특히 지금의 전라도 지방이 돼지 사육으로 유명했다. 돼지 하면 떠오르는 이미지는 탐식이 강하고 불결하다는 것. 그러나 돼지가 소, 닭보다 깨끗하다는 것이 전문가들의 말이다. 그도 그럴 것이 돼지는 땀샘이 발달되지 않아 체내의 모든 수분을 소변으로 배설하기 때문에 돼지 우리 주변이 더러워 보일 수밖에 없다. 하지만 후각이 매우 발달된 돼지는 오직 정해진 배설 장소에서만 볼 일을 보는 습관을 가지고 있다고 한다. 그러므로 눈에 보이는 만큼 지저분한 동물은 아니라는 것. 돼지 고기에는 항정살, 갈매기살, 가브리살의 3대 특수 부위가 있다. 항정살은 돼지 목에서 어깨까지 연결되는 목덜미 살로 200~400g 정도 나온다. 흔히 돼지 고기의 진주로 불리며 모서리살, 치마살, 안살, 천겹살로 불린다. 갈매기살은 돼지 내장의 횡격막에 붙어 있는 고기로 뱃속을 가로로 막고 있다고 해서 가로막이라고도 하

며 가로막살, 안창고기 등으로 불린다. 가브리살은 등심 위의 두꺼운 지방층 사이에 있는 약간의 살코기로 등겹살 또는 황제살, 등심덧살이라고 불린다. 또 하나의 부위인 볼살은 돼지머리의 양쪽 살로 뽈살, 구멍살, 눈살, 아구살로 붉린다. 볼살의 특징은 고기를 구우면 부풀어 커지는 경향이 있고, 한 마리에 겨우 200g만 나온다. 한국인이 즐겨 찾는 삼겹살은 돼지의 갈비뼈에서 뒷다리까지의 복부 근육으로 삼겹살과 오겹살의 차이는 고기에 껍질이 있느냐 없느냐의 문제일 뿐 부위는 같다.

마포최대포 ☎ 719-9292 ✆ 마포구 공덕동 255-5
1955년에 문을 연 집으로 마장동 도축장에서 일했던 창업자가 돼지의 부속 고기들로 인기를 얻었다. 80년대에는 하루 1,500명이 다녀가기도 했다는데 지금도 하루 600명 이상의 손님을 받는 곳이다.

도적 ☎ 743-1011 ✆ 종로구 동숭동 1-47 연경빌딩 2층
300번 칼질했다는 칼 삼겹살로 유명세를 타고 있다. 분위기 또한 대학로답게 음악카페를 연상시킬 정도이다. 칼집을 낸 덩어리 삼겹살을 굽다가 다시 잘게 썰어 준다. 비빔국수와 칼국수가 뒷맛을 개운하게 해준다.

서글렁탕 ☎ 780-8858 ✆ 영등포구 여의도동 53 우정상가 1층
처음에 설렁탕집으로 시작을 한데다 주인의 인상이 서글서글하다 해서 이름이 붙여진 집. 삼겹살을 양념장에 발라 구워먹는 독특한 방식이다. 충주와 청주 일대에서 전해져 오던 것을 주인이 새롭게 개발했다고. 함께 나오는 선지해장국도 예술이다.

황소고집 ☎ 722-5747 ✆ 종로구 관철동 11-11
부산갈매기 ☎ 718-5462 ✆ 마포구 도화동 194-18
진성집 ☎ 547-7892 ✆ 서초구 잠원동 30-7
고릴라 ☎ 312-3541 ✆ 서대문구 충정로3가 272
고바우 ☎ 712-7563 ✆ 마포구 신공덕동 63-10
남매집 ☎ 777-0735 ✆ 중구 북창동 19-1
단풍나무집 ☎ 730-7461 ✆ 종로구 삼청동 31-1

김치와 삶은
돼지고기의 만남 **보쌈**

개성만두, 조랭이떡국과 함께 개성의 3대 음식으로 불리는 보쌈김치. 보쌈김치는 개성에서 유래된 음식으로 보김치, 쌈김치라고 부르기도 한다. 보쌈김치는 쌈처럼 싸여 있어 냄새가 새어나가지 않고 맛과 영양이 훌륭한 고급 김치로 주로 궁중에서 먹었다. 현재 많은 보쌈집들이 개성식을 따르고 있다.

다양한 채소와 해산물 등을 함께 버무려 절인 배춧잎에 싸서 독에 담아 김칫국물을 부어서 익혀 먹는 음식이다. 개성에서 보쌈김치가 발달한 이유는 개성에서 나는 배추가 보쌈하기에 좋은 품종이기 때문이다. 개성 배추의 특징은 속이 연하면서 통이 크고 잎이 넓어 싸먹기에 좋다.

보쌈김치가 문헌에 등장한 것은 1940년 경부터. 대중화되기 시작한 것은 대략 해방 직후이며 본래 보쌈김치는 양반가에서 많은 사람을 부려 김장을 하고, 그 노고를 위로하기 위해 돼지 한 마리를 잡아 즉석에서 동네잔치를 벌인 데서 비롯되었다고 한다. 정성스럽게 담근 보쌈김치에 푹 삶아 썰어낸 돼지 고기를 곁들여 먹는 잔칫날의 풍경이란… 생각만 해도 군침이 저절로 돌지 않는가.

북한에서 출간된 〈민속명절료리〉란 책을 보면 개성 지방에서는 보쌈김치를 설 명절에 먹는 풍습이 있었는데, 개성이 조선 시대에 상업 도시로 많은 남자들이 외지에 오래 나가 있다가 설 명절을 계기로 집에 돌아오며 생활한 것과 연관이 있다고 밝히고 있다.

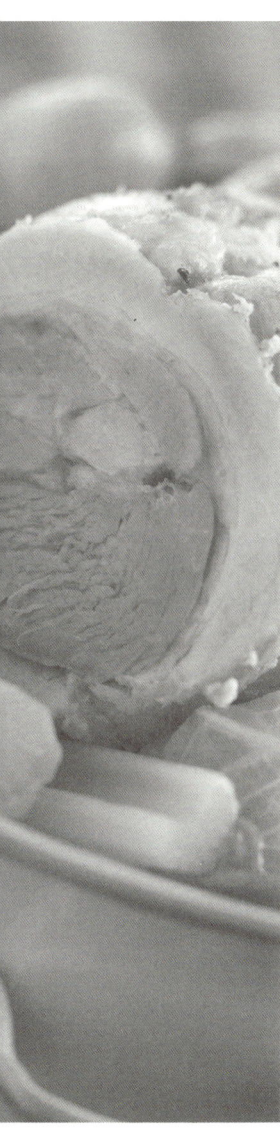

삼해집 ☎ 2273-0266 ☞ 종로구 관수동 42
가게에 들어서면 오래된 정취를 느낄 수 있다. 보쌈을 시키면 푸짐한 감자탕이 서비스로 나온다. 보쌈은 굴과 함께 나오는데 새빨간 김치를 보면 입맛이 확 당긴다. 누군가를 푸짐하게 대접하고 싶다면 모시고 싶은 곳이다.

원할머니본가 ☎ 2232-3232 ☞ 중구 황학동 1685
담백한 고기 맛이 일품인 원할머니보쌈. 고기 맛을 유지하기 위해 철저하게 관리를 하는 일명 삼진 아웃 제도를 실시한다. 최고급 고기와 김치 속 등 배합 비율은 회사 내 몇몇 사람만 알고 있을 정도라고.

홍익보쌈 ☎ 323-3773 ☞ 마포구 서교동 365-7
한번 삶아 낸 고기는 2시간 내에 모두 소비한다는 고집 때문인지 고기나 채소들이 신선하다. 그래서 요일별로 손님 수를 계산해서 미리 재료를 준비한다고 한다. 김치는 시각적으로 보고만 있어도 군침이 돈다.

장수보쌈 ☎ 2678-5664 ☞ 영등포구 영등포동 3가 15-3
시골보쌈 ☎ 3473-7358 ☞ 서초구 방배동 449-5
천하보쌈 ☎ 744-1614 ☞ 종로구 원서동 153
대련집 ☎ 2265-5349 ☞ 종로구 관수동 163
설매네 ☎ 548-0090 ☞ 강남구 신사동 609-1
옛집보쌈 ☎ 587-7754 ☞ 서초구 서초동 1571-30
은성보쌈 ☎ 2297-9922 ☞ 성동구 금호동3가 375

김 치 와 삶 은 돼 지 고 기 의 만 남 보 쌈 한국의 대표적인 음식이라고 할 만한 불고기는 그 맛도 맛이지만 여러 사람이 함께 둘러앉아서 담소를 나누며 먹는 음식이라는 점에서 더욱 각광을 받는다.

육식문화의 선구자
불고기

세계에는 다양한 고기 요리가 존재하지만 한국의 고기 문화처럼 불판 앞에서 함께 구워 먹는 체험을 할 수 있는 곳은 그리 많지 않다. 특히 고기를 상추에 한 입 싸서 손으로 먹는 것은 가장 육감적이면서도 오감으로 체험하는 맛의 극치이다. 불고기를 먹어 본 외국 요리사들이 한국의 불고기를 가장 선호하는 이유 중 하나는 여러 사람이 함께 모여 익혀 먹는 것 때문이라고 한다. 맛도 맛이지만 식탁에서 함께 요리를 해 먹는 체험이 절대적인 요소라는 것. 이와 같이 성공한 요리로 스위스의 퐁듀(fondue 치즈를 불에 녹여 빵에 찍어먹는 데서 유래된 음식), 중국의 훠궈(중국식 샤부샤부), 일본의 샤부샤부 등을 들 수 있다.

불고기의 유래는 고구려 시대의 고기 구이인 '맥적(貊炙)'에서 찾아볼 수 있다. 중국의 진나라에서도 맥적을 즐겼다고 하는데, 여기에서의 '맥(貊)'은 고구려를 지칭하는 말로 맥적은 미리 조미해둔 고기를 꼬챙이에 끼워 숯불에 구워 먹는 것이라고 밝히고 있다. 이후 고려 시대에는 불교의 영향으로 고기를 많이 먹지 않았으나 몽고 통치 이후인 고려 말에는 '설야멱'을 즐겼다고 한다. 설야멱이 바로 불고기와 같은 고기 구이의 한 형태였다. 서양과 달리 우리는 고기를 구울 때 숯불의 강도, 잿불의 후박, 화기의 거리, 석쇠의 온도 등 약 열댓 가지의 노하우를 가졌으니 한국이 육식 문화를 예술로 실현한 곳이라는 말도 무리는 아니다. 이규태의 〈불고기론〉에 그 예술이 드러난다. "숯불을 피워 그 위에 재를 얇게 덮은 다음 살코기를 석쇠에 얹어 지글거리기 시작하거든 반숙된 채로 들어내어, 찬물에 담그기를 세 번 하여 다시 굽는다. 이 세상 어떤 다른 나라에 이 같은 요리 문화나 미각 문화가 있었던가 싶다."

한일관 ☎ 1577-9963 ◎ 강남구 신사동 619-4
1939년에 창업한 한일관은 1987년부터 3대를 이어 영업을 하고 있다. 청진동이 재개발되면서 현재의 신사동으로 새롭게 이전했다. 등심(채끝 포함)만을 사용하고 12시간 숙성시켜 고기가 부드럽고 연하다.

사리원 ☎ 3474-5005 ◎ 서초구 서초동 1321-7
사리원의 전신은 1971년에 동숭동에 연 시별리였다. 해방 전 황해도 사리원 시별리에서 이미 고깃집을 하고 있었다고 한다. 사리원은 양념에 설탕을 쓰지 않고 꿀을 쓰는 것으로 유명하다. 등심불고기와 육수불고기를 따로 판다.

우래옥 ☎ 2265-0151 ◎ 중구 주교동 118-1
1946년에 창업했다. 등심과 채끝 외에 목심, 전각, 설도 등을 두루두루 섞는다. 1962년에 불고기는 1인분 60원, 냉면은 35원이었고 쌀 한 가마니가 900원이었다고 한다. 그리고 당시에도 세트메뉴가 있었는데 가격은 95원이었다고.

강서면옥 ☎ 3445-0092 ◎ 강남구 신사동 645-30
삼원가든 ☎ 548-3030 ◎ 강남구 신사동 623-5
광양불고기 ☎ 567-8494 ◎ 강남구 대치동 983-1
개화옥 ☎ 549-1459 ◎ 강남구 신사동 661-18 정동상가 107호
역전회관 ☎ 749-4689 ◎ 용산구 한강로동 405-3 인우빌딩 1층
보건옥 ☎ 2275-3743 ◎ 중구 주교동 252
벽제갈비 ☎ 415-5522 ◎ 송파구 방이1동 205-8

여름보양식의 대왕
삼계탕

세계미식가협회 회원인 일본의 소설가 무라카미 류가 쓴 '달콤한 악마가 내 안으로 들어왔다' 라는 소설이 있다. 이 소설은 최고급 프랑스 요리에서 패스트푸드에 이르기까지 다양한 음식들을 관능적인 연애담과 절묘하게 결합시킨 이야기이다. 여기에 한국의 삼계탕이 등장한다. 그는 삼계탕을 '생명을 입 속에 넣는 듯한 느낌' 이라고 표현했다. 그의 표현처럼 가장 원시적이면서도 절묘한 맛을 내는 삼계탕은 하나의 예술 작품과 같다. 흔히 우리는 삼복더위라는 표현을 쓴다. 초복, 중복, 말복이 되면 너나 할 것 없이 더위를 이겨내기 위해 보양식을 먹는다. 삼계탕은 삼복더위를 이겨내는 최고의 보양식으로 알려져 있다. 땀을 많이 흘리고, 쉽게 피로를 느끼는 여름에는 고단백식이 필요하다. 더위에 지친 몸에 활력을 불어넣고 피로물질을 배출하는 데는 특히 단백질이 필요하기 때문이다.

따뜻한 성질을 지니고 있는 닭고기는 단백질과 콜라겐을 많이 함유한 스태미나 식품. 육질을 구성하는 섬유가 가늘어 소화가 잘되는 양질의 식품이다. 여기에 속을 따뜻하게 하고, 기운을 돋우어주는 인삼과 대추의 약효까지 더한 삼계탕은 대표적인 여름철 보양식이다.

삼계탕에는 다 자란 닭보다 병아리와 성계 사이의 중간 정도 닭을 사용한다. 보통 우리가 부르는 '영계'라는 표현은 국적 불명의 용어로 원래는 '연계'가 옳은 표현이다. 연계는 병아리 티가 있다는 뜻에서 유래되어 이제는 육질이 연하다는 '연계(軟鷄)'로 쓴다. 연계는 몸보신에 좋다 하여 보통 약병아리라고도 부른다.

고려삼계탕 ☎ 752-9376 ◎ 중구 서소문동 55-3
1960년 명동 코스모스백화점 자리에서 문을 연 뒤 2대를 이어 오고 있다. 국내에 처음으로 삼계탕을 대중화시켰다. 49일 된 어린 장닭인 웅추만을 사용하고 4년 근 금산 인삼과 오가피, 엄나무, 황기 등을 넣어 푹 끓여낸다. 국물 맛은 깔끔하고 담백하다.

토속촌 ☎ 737-7444 ◎ 종로구 체부동 85-1
노무현 대통령이 즐겨 찾는 맛집으로 유명세를 탔다. 한옥의 정취를 느낄 수 있는 집. 국물은 30여가지 곡물과 견과류를 갈아 넣어 걸쭉한 느낌이면서도 고소한 맛이 일품이다.

호수삼계탕 ☎ 848-2440 ◎ 영등포구 신길동 342-325
닭머리와 닭발을 먼저 고아 육수를 만들고 들깨, 찹쌀, 땅콩, 참깨가루 등을 풀어 영계를 끓여낸다. 두 달 키운 영계만 사용해 육질이 쫄깃하고 부드럽다.

강원정 ☎ 719-9978 ◎ 용산구 원효로1가 48-7
영양센터 ☎ 777-0064 ◎ 중구 충무로1가 23-16
백제삼계탕 ☎ 776-3267 ◎ 중구 명동2가 50-11
신라삼계탕 ☎ 756-0701 ◎ 중구 순화동 139-1
파낙스삼계탕 ☎ 780-9037 ◎ 영등포구 여의도동 45-15
장안삼계탕 ☎ 2249-7297 ◎ 중구 태평로2가 53
논현삼계탕 ☎ 3444-5510 ◎ 강남구 논현동 106

고기 풍덩, 채소도 풍덩 샤부샤부

샤부샤부는 '살짝 살짝' 또는 '찰랑 찰랑'이라는 일본 의태어에서 온 말로 사전에서 찾아보면 '얇게 저민 쇠고기, 채소 등을 끓는 물에 살짝 데쳐 양념장에 찍어먹는 냄비 요리'라고 설명하고 있다. 13세기 징기스칸이 세계 정벌을 하던 시절, 투구를 뒤집어 물을 끓이고 즉석에서 고기와 채소 등의 재료를 넣어 익혀먹은 데서 유래했다는 설이 있다. 그러나 한 켠에선 물이 귀한 몽고에서 이런 음식이 유행했을까 하는 의구심도 품고 있다. 일본은 메이지유신까지 1,200년간 육식을 금지했던 나라로, 이후 국민들이 쉽게 육식을 접할 수 있도록 권해진 요리가 바로 샤부샤부이다. 1960년대에 들어서면서 경제성장과 더불어 세계적인 음식으로 발돋움하는데, 테이블에서 직접 해먹는 즐거움을 선사한 것이 성공의 핵심이었다. 샤부샤부는 '징기스칸'이라고도 불렸는데 이는 중국을 침략한 일본이 만주족의 고기구이를 징기스칸으로 잘못 부르면서 샤부샤부를 징기스칸으로 부르게 되었다고 한다.

요즘 들어 샤부샤부가 인기를 끌고 있는 이유는 데치거나 삶아 먹는 고기가 특히 건강에 좋다는 보고 때문이다. 실제로 몽고인들은 불의 신을 크게 믿었는데 고기를 직접 불에 구우면 불의 신이 화를 낸다고 믿었다. 그래서 양고기 등을 솥에 넣고 끓이는 습성이 있었다. 한국에도 이와 비슷한 요리법이 있었는데 '토렴'이라고 불렀다. 토렴은 밥이나 국수 등에 더운 국물을 여러 번 부었다가 따라내어 덥히는 일을 말하는 것으로 '퇴염(退染)'이라고도 한다. 샤부샤부를 먹을 때는 먼저 채소를 넣고 잠시 끓인 후, 고기를 넣고 익혀 먹는 것이 좋다. 그리고 만두를 넣을 때는 육수에 그냥 담그지 말고 젓가락으로 살짝 저은 후 내려놓아야 한다. 그냥 두면 무거워서 바닥에 달라붙을 수 있기 때문이다.

신정 ☎ 776-1464 👁 중구 명동2가 21
1965년 개업을 했고 징기스칸이란 이름으로 샤부샤부를 처음 선보인 집이다. 여전히 샤부샤부의 명가로 통하고 있다. 깊은 육수 맛에 깔끔한 찬들도 인기가 많다. 특히 김치와 무절임은 계속 리필을 하게 만든다.

진상 ☎ 540-6038 👁 강남구 청담2동 1-3
한우, 연어, 해물, 찜, 모둠 샤부샤부 등 20여 가지에 이르는 다양한 메뉴를 선보이고 있다. 특히 한우 샤부샤부는 토종 한우만을 엄선해 고기 맛이 부드럽고 담백하다. 대중 샤부샤부 브랜드로 '자팽고'도 운영하고 있다.

방비원 ☎ 362-3355 👁 서대문구 대신동 50-7
1995년에 개업한 곳으로 채소와 고기는 1인분씩 큰 접시에 나온다. 1인분에 3만원 하는 가격 때문에 부담이 되는 점도 있다. 다시마, 채소로 뽑아낸 진한 육수가 일품이고 정갈한 분위기도 좋다. 독특하게 내놓는 홀데기 식혜가 인기가 많다.

일품당 ☎ 733-4949 👁 종로구 당주동 16-1
한우리 ☎ 545-3334 👁 강남구 논현동 91-18
미가미담 ☎ 409-2654 👁 송파구 오금동 8-2
봉순이언니 ☎ 508-3323 👁 강남구 역삼동 818-5
성민촌 ☎ 780-6262 👁 영등포구 여의도동 25-5 동화빌딩 지하 1층
불이아 ☎ 335-6689 👁 마포구 동교동 161-1
수다 ☎ 415-5300 👁 송파구 신천동 7-12

몽고에서 유래되었다는
설렁탕

설렁탕의 유래는 세종대왕이 선농단에서 고사를 지낸 것에서 찾는다. 세종이 농사의 신(神) 신농에게 소를 통째로 삶아 국을 만들고 백성들과 함께 즐겼다고 한다. 그래서 선농단이 선농탕, 설롱탕으로 변화해 설렁탕이 되었다고 추측하고 있다.

하지만 동아시아 음식사의 거성이었던 이성우 선생은 한반도에 고기 문화가 전래된 것은 몽고 때문이라고 말하는데 몽고는 고깃국을 '공탕(空湯)'이란 의미의 '슈루'라고 불렀다고 한다. 지금의 곰탕은 바로 이 공탕에서 온 것이고 슈루가 설렁탕으로 음운의 변화를 겪었다는 주장으로 선농단(先農壇)이 설렁탕의 유래라는 일반의 해석을 경계하고 있다. 과연 어느 것이 사실일까? 안타까운 것은 우리의 풍부한 식문화에 그 유래가 제대로 정리되어 있지 않다는 점이다.

설렁탕 좀 먹는다는 사람들은 확실히 다르다. 우선 밥을 한 번에 다 말지 않는다. 조금씩 밥을 탕에 넣어 가면서 먹는다. 그래야 밥알이 퍼지지 않기 때문이다. 둘째로 깍두기 국물을 조금 넣어준다. 이래야 시큼한 맛이 제대로 어울려 맛의 조화를 이룬다. 셋째로 소금을 넣지 않는다. 이미 뼈를 삶은 국물에 상당한 양의 나트륨이 가미되어 있기 때문이다. 단, 국물이 뜨겁기 때문에 짠 맛을 잘 못 느끼는 것일 뿐.

실제로 설렁탕집에 가서 주문하기 전에 조심할 것이 있다. 만약 설렁탕집에서 수육을 팔지 않는다면 되돌아 나오는 것이 좋다는 사실. 국물을 내려면 반드시 고기가 있어야 함에도 불구하고 고기를 팔지 않는다는 것은 국물을 좋은 고기 대신 다른 노하우(?)로 만들 확률이 높기 때문이다.

백송 ☎ 736-3565 ✆ 종로구 창성동 153-1
청정지역 한우를 산지 농장과 협력하여 최상의 사골, 양지, 사태, 우족, 꼬리, 반골, 갈비 등 부위별로 취급하는 곳. 백송 고유의 신선한 채소와 조리 배합하여 말 그대로 옛날 방식의 설렁탕을 만든다.

이문설렁탕 ☎ 733-6526 ✆ 종로구 공평동 46
설렁탕 하나로 100년을 이어온 곳이다. 서울에서 가장 오래된 식당으로도 통한다. 허름한 2층 가옥에 낡은 간판과 3대를 이어오는 주인 그리고 40년째 주방을 지키는 주방장과 50년 단골이 이곳의 풍경이다.

이남장 ☎ 2267-4081 ✆ 중구 을지로2가 101-32
1974년에 오픈한 집으로 원래 운영하던 이남 다방 주방에 가마솥 3개를 설치하고 이남장으로 상호를 바꿔 달았다. 한우 양지머리를 이틀 동안 푹 우려내 깊은 맛이 난다.

마포옥 ☎ 716-6661 ✆ 마포구 용강동 50-13
문화옥 ☎ 2265-0322 ✆ 중구 주교동 118-3
영동설렁탕 ☎ 543-4716 ✆ 서초구 잠원동 10-53
중림장설렁탕 ☎ 392-7743 ✆ 중구 중림동 468
우신설렁탕 ☎ 542-9288 ✆ 강남구 신사동 513-4
미성옥 ☎ 776-1795 ✆ 중구 명동1가 54-5
잼배옥 ☎ 755-8106 ✆ 중구 서소문동 64-4

육식의 거두
쇠고기구이

한국인들에게 쇠고기는 아주 특별한 의미를 지닌 음식이자 문화이다. 소와 함께 농사를 지으며 일생을 살아온 농경 사회에서 특별한 날이 아니고서야 소를 잡아 상에 올리는 일은 쉽게 할 수 없었던 것. 해서 쇠고기는 한국 최고의 식품으로 꼽힐 수밖에 없는 셈이다.

특히 미국산 쇠고기 문제나 광우병 문제가 민감한 사안으로 대두된 이후 한우에 대한 중요성이 더욱 커지면서, 한우를 세계적인 고급 식품으로 탈바꿈시키기 위한 노력도 계속되고 있는 중이다.

일반적으로 생선은 바로 잡아서 먹는 것을 신선하다고 여기고 있으며 횟집에서도 활어를 선호한다. 그러나 육류의 경우는 도축장이 바로 근처에 있지 않은 이상 갓 잡은 고기를 상에 올리기란 아예 불가능하다. 그렇다면 과연 바로 잡은 고기가 더 맛이 좋을까?

전문가들은 도축 직후의 쇠고기는 살아있을 때의 근육 상태와 거의 비슷하다고 말한다. 고기는 도축 후 시간 경과에 따라 굳어지는 정도가 다른 강직 상태를 겪게 마련. 갓 잡은 고기는 질기기도 한데다 향미도 제대로 느낄 수 없다. 그렇게 질긴 고기가 일정 시간이 지나면 강직이 풀려 연하게 되는데 이를 숙성이라고 한다. 적당한 숙성에 의해 고기는 단백질 조직이 분해되어 연해지며 향미가 되살아난다는 것. 숙성은 저온(0~5℃)에서 짧게는 2~3일, 길게는 7~10일 정도 보관하는 것으로 완성된다. 숙성 시간이 길어지면 미생물 번식과 지방의 부패로 육질이 나빠지기 때문에 질 좋은 고기를 올리기 위해서는 깐깐하게 숙성하는 전문 지식을 발휘해야만 한다.

마포주물럭 ☎ 718-3001 ◈ 마포구 용강동 51-3
최상등급 한우만을 고집한다고 원산지 확인서를 식당에 보기 쉽게 붙여 두었다. 좋은 한우를 2~3일 동안 숙성시킨 뒤 부위 별로 손질을 해서 내놓는다. 쇠고기 주물럭은 육즙이 흘러나올 때 가볍게 익혀 먹는 것이 최적의 맛을 내는 비결이다.

용문집 ☎ 2295-9424 ◈ 성동구 마장동 520-23
우시장에 고깃집이 드물다는 말을 한다. 하지만 이곳은 특별한 치장을 하지 않았어도 입소문이 나면서 붐비는 곳이다. 수육, 처녑 등 서비스가 푸짐하고, 최고의 고기만 사용한다.

봉산집 ☎ 793-5022 ◈ 용산구 용산동3가 1-21
차돌박이 전문점이다. 차돌박이는 양지머리 복판에 붙은 희고 단단하며 기름진 고기로 얇게 썰어야 제 맛을 느낄 수 있다. 특히 차돌박이를 넣고 끓여내는 된장찌개는 이 집을 다시 찾게 만드는 이유가 되기도 한다.

대도식당 ☎ 2296-3878 ◈ 성동구 홍익동 431
유래회관 ☎ 2293-8866 ◈ 성동구 홍익동 357
대치정육식당 ☎ 557-0883 ◈ 강남구 대치4동 911-8
창고43 ☎ 783-4557 ◈ 영등포구 여의도동 54-6
차돌집 ☎ 790-0789 ◈ 용산구 이태원동 544
박대감네 ☎ 545-7708 ◈ 강남구 청담동 124-3
미우미우 ☎ 422-2582 ◈ 송파구 방이동 187

쇠고기 스테이크는 부위에 따라, 혹은 조리법에 따라 다양한 종류로 나뉜다. 이 중 햄버그 스테이크는 이미 한국에서 1960~70년대부터 성행했던 음식이다.

촉촉한 육즙의 예술 **스테이크**

스테이크란 '굽다'라는 의미의 고대 스칸디나비아어 'steik'에서 유래되었다. 보통은 쇠고기 구운 것을 스테이크(steak)라고 부르지만 통칭할 때는 대구, 광어, 연어 같은 기름기 많은 큰 생선을 굽는 것도 똑같이 스테이크라고 부른다. 쇠고기 스테이크는 어깨 부분에서 잘라낸 블레이드 스테이크(blade steak), 갈비 부분에서 잘라낸 리브 스테이크(rib steak), 허리 부분에서 잘라낸 포터하우스 스테이크(porterhouse steak), 티본 스테이크(T-bone steak), 클럽 스테이크(club steak) 등 다양한 종류로 분류된다. 또한 조리법에 따라 고기를 석쇠에 올려 직접 불에서 굽는 브로일드 스테이크(broiled steak), 두꺼운 철판이나 프라이팬에서 굽는 팬 브로일드 스테이크(pan-broiled steak), 고기 두께를 1.3cm 정도로 얇게 저민 미뉴트 스테이크(minute steak), 간 고기를 반을 지어 구운 햄버그 스테이크(hamburg steak) 등으로도 분류한다.

이 중 햄버그 스테이크는 이미 한국에서 1960~70년 대부터 성행했던 음식. 당시 고급육인 등심이나 안심 스테이크는 가격이 비싸서 쉽게 먹을 수 없었고, 그 대신 조금 질긴 부위를 잘게 다져서 먹는 햄버그 스테이크가 유행했던 까닭이다. 본래 햄버그 스테이크는 2차 세계대전 당시 독일 함부르크에 주둔하던 연합군이 연한 부위의 고기는 식재료로 사용하고, 나머지는 버렸는데 이를 현지 주민들이 곱게 다져서 먹은 데서 유래했다고 한다. 나라별로 살펴보면 프랑스식은 스테이크와 함께 프렌치프라이나 서너 가지의 채소를 내고, 영국이나 호주는 프랑스식과 비슷하지만 고기가 더 큰 편. 미국도 마찬가지로 감자를 통으로 굽는 베이크드 포테이토(baked potato) 혹은 으깬 감자인 매시드 포테이토(mashed potato)를 곁들인다.

테이스티블루바드 ☎ 6080-3332 ✆ 강남구 신사동 643-2
자체적으로 저온 숙성 창고를 갖춰 둔 곳. 호주산 쇠고기를 쓰며 300일간 곡물을 먹고 자란 블랙 앵거스 품종을 사용한다. 안심 부위(필레 미뇽)를 주문할 때는 미디엄 레어 이상으로 주문하는 것이 좋다. 함께 나오는 매시드 포테이토가 인기다.

킹콩스테이크 ☎ 6080-9141 ✆ 강남구 신사동 550-1
저렴한 가격에 괜찮은 스테이크를 내놓는 집으로 인기를 얻고 있다. 최상급 안심과 꽃등심 스테이크에 한국인에 잘 맞는 소스가 이 집의 핫 아이템이다. 기타 또 다른 요리들도 수준 이상으로 평가받는다.

까사제이제이 ☎ 797-4343 ✆ 용산구 이태원2동 239-4
육즙이 풍부하게 참숯에 구워져 나오는 한우 스테이크. 부드럽고 담백한 맛은 안심 스테이크가, 씹히는 질감은 등심 스테이크가 좋다. 함께 나오는 오븐에 구운 통감자와 신선한 샐러드도 스테이크와 어울린다.

미트패커 ☎ 797-7758 ✆ 용산구 이태원동 34-91
스테이크춘자 ☎ 532-7377 ✆ 서초구 반포4동 92-13
그래머시키친 ☎ 512-1046 ✆ 강남구 신사동 621-2
쿡앤하임 ☎ 733-1109 ✆ 종로구 삼청동 63-28
쿠킨스테이크 ☎ 593-0108 ✆ 동작구 사당2동 142-18
오리엔탈그릴 ☎ 574-8747 ✆ 강남구 도곡동 420-17 경인빌딩
나무와벽돌 ☎ 735-1157 ✆ 종로구 신문로 1가 6

중국 황제들이
즐겨 먹었다는 **오리고기**

'오리고기는 허한 것을 돕고, 열을 덜어주며 장부를 화(和)하게 하고, 수도(水道)를 잘 소통시킨다. 피는 모든 독을 해독해준다.'
위의 글은 허준 선생이 〈동의보감〉에서 밝힌 내용이다. 닭이 한국인에게 익숙한 고기인데 반해, 오리는 말 그대로 오리무중(五里霧中)이다. 오죽하면 '닭 잡아먹고 오리발 내민다' 라는 말이 있었을까. 닭은 기르고 조리하는 것이 간편한데 오리는 기르는 기간도 오래 걸리고 건강식으로만 인식되어 왔다. 중국 그 중에서도 북경에 가면 외국인들이 반드시 찾아가는 곳이 있다. 다름 아닌 '카오야'를 잘하는 레스토랑이다. 카오야는 구운 오리고기라는 뜻으로 '베이징 덕' 이라는 이름으로 유명하다. 이처럼 오리고기는 중국이 특히 유명하다. 미국의 닉슨 대통령이 중국을 방문했을 때 대접한 음식도 베이징 오리구이였을 만큼 중국의 3대 진미 중 하나로 손꼽힌다.
중국의 황제들이 주로 즐겨 먹었다는 오리 고기. 서태후의 밥상에는 오리 껍질 요리가 빠진 적이 없었다. 일반적인 고기는 산성인데 반해 오리 고기는 알칼리성으로 콜레스테롤을 낮춰주고 혈액순환을 돕는 것으로 알려져 있다. 오리고기를 취급하는 식당들 중에는 유황오리를 내세운 곳이 많다. 그만큼 오리에 유황과 갖가지 한약재를 먹여 기른 유황오리가 대세를 이루기도 했다. 유황오리에는 세포막의 중요한 구성 성분이자 강한 해독 물질인 레시틴이 들어 있어 몸 안의 독성을 제거하는 데 큰 도움이 되는 까닭이다. 레시틴은 또한 세포를 보호해 주고 지방질 대사를 촉진하는 효능도 있어 오리고기를 건강식으로 탈바꿈시키는 데 한몫 한다.

옛골토성 ☎ 955-5667 ✆ 도봉구 도봉동 288-1
등산객들이 많이 찾는 오리 전문점이다. 회전 바비큐 가마에서 1시간 반 이상 초벌구이를 하고 다시 테이블에서 굽는다. 깔끔하고 담백한 맛이 특징.

오리와참게 ☎ 597-0767 ✆ 서초구 방배동 444-3 파스텔시티 4층 4 호
외식 전문 업체 '이야기가 있는 공간'의 오리 전문점이다. 메뉴는 진흙 토기에서 3시간 정도 구워낸 유황오리 훈제구이와 통오리 훈제바비큐, 참게장 3가지뿐이다. 각종 한약재를 넣고 구워서 담백하다.

배나무골오리집 ☎ 571-5252 ✆ 서초구 양재동 241-3 보성빌딩 지하1층
오리 요리를 배우기 위해 전 세계 곳곳을 찾아다녔다고 할 만큼 열정적인 부부가 운영하는 오리 전문점. 단 한 차례의 오리 요리를 배우기 위해 1년치 연봉을 다 쏟아 부었던 적도 있다고. 발로 뛰면서 익힌 오리 고기의 진수를 맛볼 수 있는 곳이다.

황가네오리 ☎ 812-0070 ✆ 동작구 상도4동 211-225
신정 ☎ 776-1464 ✆ 중구 명동2가 21
은고개애마 ☎ 576-1004 ✆ 서초구 원지동 372-7
신토오리 ☎ 834-5295 ✆ 영등포구 신길6동 4206
팽오리농장 ☎ 3665-5196 ✆ 강서구 가양동 959
오리마을 ☎ 932-2068 ✆ 노원구 상계2동 323-11
유황오리진흙구이 ☎ 885-9252 ✆ 관악구 봉천동 1597-23

새우젓에 찍어 먹는
쫄깃한 육질 **족발**

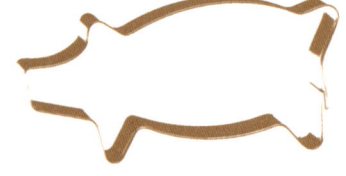

족발은 황해도 토속음식인 돼지 족 조림에서 유래했다고 한다. 그런데 이 족발은 한국뿐만 아니라, 세계적으로 훌륭한 재료였는지 각국마다 돼지 족으로 만든 요리가 다양하다. '오향족발'은 중국 산동성이 고향으로 오향(회향, 계피, 산초, 정향, 진피)을 넣고 끓인 장에 달인 음식. 독일의 족발은 맥주에 삶아 오븐에 바삭하게 구워내는 '슈바이네 학센'과 맥주에 푹 삶아 무르게 내는 '아이스 바인'이 있다. 스페인의 족발 요리는 '하몽'으로 불리는데 소금 절임을 한 다음 말려서 만드는 것이 특징이다. 프랑스에는 족발을 사과소스와 벌꿀에 졸여내는 툴루즈식 족발 요리나 노르망디식 족발 요리가 있고 이태리에는 발톱까지 고스란히 보이는 '잠포네'가, 체코에는 족발을 꼬치에 끼워 통째로 구워내는 '페체테 클로에'라는 요리가 있다.

어느 나라 음식이든 음식은 상호 궁합이 중요하다. 그런 면에서 족발은 새우젓과 찰떡궁합이다. 그렇다면 왜 족발에 새우젓이 잘 맞는 것일까? 조선 시대 궁녀들에게 유행했던 두 가지 다이어트가 있었는데 하나는 목욕하고 난 뒤 몸에 간장을 바르는 것이었고, 다른 하나는 새우젓을 먹는 것이었다고 한다. 단백질을 분해하는 효소가 새우젓에 들어있어 살이 빠졌다는 것이다. 보쌈이나 족발을 새우젓에 찍어 먹는 이유도 이와 같은 원리다. 이미 조선 시대에도 궁중에서 편육을 새우젓에 찍어먹었다는 기록이 나온다. 우리가 무심코 돼지고기를 먹을 때 새우젓을 애용하는 것은 맛도 그렇지만, 새우젓이 소화를 잘 시키는 성질을 지니고 있기 때문일 것이다. 새우젓 이외에 메밀과 콩비지 등도 돼지고기 소화에 좋고, 혈관 보호 기능도 있다. 장수 마을의 특징에서 나오지만 돼지고기를 구워 먹는 것보다 삶아서 기름기를 빼고 먹는 것이 훨씬 건강에 좋다.

평안도족발집 ☎ 2279-9759 ◎ 중구 장충동1가 62-16
장충동 하면 족발이 연상된다. 그 중에서도 1960년에 문을 연 이곳은 요즘 젊은 고객까지 넘쳐난다. 모두 만화 〈식객〉 덕분이다. 하루에 여러 번 족발을 삶아내서 신선하고 동치미 국물에 빈대떡도 맛을 더한다.

오향족발만두 ☎ 753-4755 ◎ 중구 서소문동 102
그날 삶아낸 족발은 그날 파는 것으로 한정하기 때문에 느지막이 저녁에 온다면 못 먹고 발걸음을 돌릴 수 있다. 오향을 사용해 족발 특유의 비린내가 없고 손으로 빚은 만두국 서비스가 일품이다.

소문난집 ☎ 716-9731 ◎ 마포구 공덕동 256-10
공덕동 시장 일대에 많은 족발집들이 있다. 그 중에서 소문난집은 타의추종을 불허한다. 족발 대자 하나를 시키면 서너명이 푸짐하게 먹을 수 있다. 서비스로 나오는 순댓국과 순대모듬 또한 가격 대비 훌륭하고 리필도 된다.

경원집족발 ☎ 734-7024 ◎ 종로구 청진동 270
오백집모자족발집 ☎ 922-2500 ◎ 성북구 동소문동5가 111
와글와글족발 ☎ 765-0319 ◎ 종로구 창신동 573-1
뚱뚱이족발 ☎ 778-8998 ◎ 중구 남산동2가 10-4
원조영양족발회관 ☎ 715-7075 ◎ 용산구 용문동 18-4
영동회관족발 ☎ 571-3939 ◎ 서초구 양재동 11-30
중앙왕족발 ☎ 777-4009 ◎ 중구 남창동 34-120

직장인들의 퇴근 후 맥주 한 잔에 가장
잘 어울리는 안주는 치킨 한 마리가 아닐까.
배달과 함께 테이크아웃 시장이 커지면서
최고의 전성기를 맞고 있는 셈이다.

맥주 안주의
최고봉 **치킨**

닭고기는 우리에게 매우 친숙하다. 그래서일까. 그간 닭고기를 위주로 하는 많은 음식들이 스쳐 지나갔다. 닭고기 유행 변천사를 보면 한때 닭백숙이 인기를 끌다가 전기구이 통닭이 그 뒤를 이었고, 바비큐식 양념통닭과 안동찜닭 등이 닭고기의 인기를 이어갔다. 그 흥행은 불닭으로 넘어간 지 오래고, 최근 들어 좀 더 새로운 메뉴를 기다리고 있는 듯 하지만 실상 그 어떤 시대를 막론하고, 여전히 프라이드치킨은 건재하다.

먹을 것이 없어서 닭 한 마리에 거는 기대가 컸던 시절이야 그렇다 쳐도 요즘처럼 다양한 먹을 거리들이 널려 있는 시절에도 역시 치킨의 인기가 줄어들지 않는다는 것은 놀라운 일이다. 외식으로, 배달을 받아서 또는 직접 사가기도 하는 등 다양한 방법으로 프라이드치킨을 즐기고 있는 것을 보면 이후로도 계속 그 인기가 지속되지 않을까 싶다.

지갑이 얇아진 직장인들에게 퇴근 후 맥주 한 잔에 어울리는 안주를 선택하라고 하면 이구동성으로 프라이드치킨 한 마리를 외칠 것이다. 배달은 물론, 테이크아웃 시장이 커지면서 최고의 전성기를 맞고 있는 것이 바로 프라이드치킨이다.

여러 모로 치킨은 상당히 매력적이다. 무엇보다 지금처럼 외식 비용이

증가하고 있는 추세에서 저렴하면서도 맛도 있고, 가족과 함께 하거나 회사 사람들과 함께 해도 혹은 친구들과 함께 해도 무난한 음식이 바로 치킨이기 때문이다.

반포치킨 ☎ 599-2825 📍 서초구 반포동 753
1977년에 처음 시작된 곳으로 마늘 치킨으로 유명한 치킨의 명가다. 결혼을 한 뒤 하룻밤 묵는 사위에게 장모가 보양식으로 닭을 잡고 마늘을 듬뿍 넣어 먹이던 것에서 착안했다는 것이 이 집 주인의 말이다. 직접 만든 마늘 소스를 4시간 동안 전기구이로 구운 치킨 위에 듬뿍 발라 내는데 담백하면서도 독특한 감칠맛이 난다.

영양센터 ☎ 777-0064 📍 중구 충무로1가 23-16
명동 영양센터는 전기구이 통닭의 성지이자 명동의 명물이다. 오랜 시간을 들여 전기구이 통닭을 만들면 기름기가 쫙 빠진다. 이만하면 작은 뼈까지도 오독오독 씹어 먹을 수 있을 정도이다. 물론 맥주 한 잔을 곁들인다면 금상첨화.

한강치킨 ☎ 795-2668 📍 용산구 이촌동 301-139
동부이촌동에 맛집을 탐방하러 온 사람들은 2차로 꼭 이집을 방문한다. 기본기에 충실한 고유의 치킨을 맛볼 수 있는 곳이다. 게다가 독특하게 만든 튀김만두가 별미로 제공되면서 인기를 끌고 있다.

금강바베큐치킨 ☎ 511-0976 📍 서초구 반포1동 746-9
은평치킨 ☎ 353-0386 📍 은평구 녹번동 266
원조마늘통닭 ☎ 2637-3480 📍 영등포구 문래동4가 7-4
삼성통닭 ☎ 922-0022 📍 성북구 안암5가 101-51
닭날다 ☎ 322-4650 📍 마포구 서교동 361-10
둘둘치킨 ☎ 778-8591 📍 중구 남산동2가 6-4
맛나숯불바비큐치킨 ☎ 755-1508 📍 중구 서소문동 93

CRAB

COOKED
CRAB

SALMON

HALIBUT

바다에서
건진 식탁

Rockfish

※ 메뉴는 가나다순입니다.

간장게장 각종 재료로 맛을 더한 간장에 풍덩! 밥도둑계의 원조
낙지 인삼 한 근에 버금가는 에너지를 주는 낙지 한 마리의 파워를 즐기다
대구탕 입이 커서 먹이도 다양한 대구의 시원한 국물 맛이 식욕을 자극한다
복어 미식가들이 즐겨 찾는 값비싼 고급 요리! 매운탕보다 지리가 제격!
생태찌개 찌개가 끓을 때, 그 냄비 속에 생태가 담겼다면 거품까지 그대로 먹을 것
아귀찜 버림 받고, 천대 받던 못 생긴 아귀가 콩나물과 매콤 양념으로 다시 태어나다
장어 요리 한국의 여름 보양식은 삼계탕, 일본의 여름나기는 장어로부터!
잡어회 이름 모를 수많은 생선들을 통칭한 한 마디의 말? 잡어!
주꾸미 낙지에 밀리는 듯싶더니… 타우린의 보고라는 영양 성분으로 주목받다
추어탕 힘 빠지는 여름철에 한 뚝배기 들이켜면 남자는 스태미나 짱, 여자는 피부 짱
해물탕 신선도를 고스란히 담고 있는 갖은 해물에 살짝 익힌 미나리가 향긋!
홍어 요리 삭힌 맛을 제대로 느껴보지 않았다면 음식에 대해 섣불리 이야기하지 말 것

지명수배 밥도둑
간장게장

언젠가 MBC '불만제로'라는 프로그램이 홈쇼핑에서 인기리에 판매되고 있는 간장 게장의 실체를 보도했던 적이 있다. 이 프로그램은 소비자들로 하여금 간장게장에 대한 상당한 배신감을 갖게 한 계기가 되었다. 그도 그럴 것이 당시, 홈쇼핑에서 판매 중인 간장게장의 꽃게 함량이 턱없이 부실했기 때문이다. 방송에서 보여주는 속이 실한 게장과 달리, 알은 커녕 내장조차 남아 있지 않은 상태였다. 이른바 '배신감'을 느낄 정도였다는 것은 한국인들이 그만큼 간장게장에 대한 남다른 애착을 가지고 있기 때문이다.

간장게장은 가히 밥도둑의 황제 격이라 할 만한 음식. 혹자는 한국에서 '밥도둑'이라는 칭호를 가진 음식들은 대체로 짜다고 말하는데 간장게장이 짜기만 하다면 큰 인기를 끌 수 있었을까? 그만큼 남다른 맛을 지니고 있는 것이 간장게장이라는 뜻이다. 한 예로 장어와 오리 그리고 간장게장의 맛을 제대로 알아야 진정한 요리 전문가라 부를 수 있다고 말할 정도이다. 사실, 간장게장이란 말은 따로 없었다고 한다. 어느 식당에선가 양념게장이라는 음식을 내기 시작하면서부터 쉽게 구분하기 위해 간장게장이란 말을 사용했다는 것이다.

게장을 담그기 위한 꽃게의 제철은 3~5월 중순쯤 산란기 직전으로 살이 통통하게 오르고 알과 내장이 가득 차 있을 때다. 그 중에서도 5월에 잡히는 알이 실한 암컷이 가장 비싸다. 그에 반해 수컷은 살이 딱딱하고 많아서 탕으로 주로 쓰인다. 7~8월은 꽃게잡이가 금지돼 봄철을 놓치면 10월을 기다려야 한다. 그리고 가을엔 반대로 수게가 암게보다 맛이 좋다. 유명 간장게장집들이 1년 내내 비슷한 맛을 유지할 수 있는 건 미리 많은 양을 사두었다가 냉동보관 해두기 때문이다.

진미식당 ☎ 3211-4468 ☞ 마포구 공덕동 105-127
40년 동안 대천, 서산, 만리포에서 꽃게를 잡는 어부와 직거래를 통해 신선한 게를 고객들에게 공급하고 있다. 매년 6월과 12월 무렵 잡힌 꽃게를 구입해 냉동보관해서 쓴다. 싱싱한 어리굴젓과 철 따라 곁들여지는 나물도 큰 인기다.

풍년명절 ☎ 306-8007 ☞ 은평구 응암3동 126-37
황해도식 한정식 전문점으로 20년 넘게 운영하고 있다. 황해도는 이북지역에서 비교적 식재료가 풍부해 인심이 후하고 구수한 음식이 많다. 이곳의 간장게장은 계피향이 나면서 짜지 않고 은은한 것이 특징이다.

큰기와집 ☎ 722-9024 ☞ 종로구 소격동 122-3
한정식집이지만 간장게장으로 더 큰 유명세를 타고 있는 곳이다. 궁중음식 연구가이기도 한 주인은 게장의 비린내를 없애기 위해 여러 가지 한약재와 특별한 양념을 사용한다. 특유의 감칠맛에 밥도둑의 위용을 다시 한 번 느낄 수 있다.

프로간장게장 ☎ 543-4126 ☞ 서초구 잠원동 27-1
문화공간 ☎ 777-2166 ☞ 중구 명동1가 45-3
미르 ☎ 732-0057 ☞ 종로구 신문로2가 31
토방 ☎ 735-8156 ☞ 종로구 관훈동 73-1
된장예술과 술 ☎ 733-4516 ☞ 종로구 관철동 12-7
신일식당 ☎ 739-5548 ☞ 종로구 관훈동 29-17

바다에서 캐낸
인삼 낙지

'개 꼬라지 미워서 낙지를 산다' 라는 속담을 아는지. 사람들이 고기를 먹다보면 뼈다귀 등은 개를 주기 마련인데 개가 하는 짓이 얄미워서 뼈가 없는 낙지를 산다는 의미이다. 결국 남 좋은 일 하지 않겠다는 것으로, 죽 쒀서 개준다는 의미와 상반되는 말이다. 예부터 낙지는 이상하리만치 개와 연관된 말이 많은 편. 조선시대에는 과거시험을 볼 때 개와 낙지를 금기 대상으로 삼았을 정도란다. 한자의 뜻과 발음이 불길함을 담고 있기 때문이었다.

모든 음식에는 제철이 있는 법이다. 특히 해산물은 철에 따라 아주 맛에 민감하다. '여름 낙지는 개도 안 먹는다' 는 말이 있는데 그렇다면 낙지의 제철은 언제일까? 낙지의 제철은 가을로 '봄 조개, 가을 낙지' 라는 말도 있다. 봄, 여름 낙지가 환영을 못 받는 이유는 봄철에 알을 낳고 2~3개월 동안 새끼를 돌보느라 영양이 소진되어 죽기 때문이다.

혹자는 세발 낙지는 발이 세 개인지 묻는다. 물론 여기서 말하는 세발 낙지란 한자의 가늘 세(細)자를 쓴 발이 가는 낙지를 말한다. 낙지 중에서 가장 맛있고 비싼 세발 낙지는 일반 낙지와 달리 개펄 구멍에서 잡아낸다. 남해안 지방에서는 세발 낙지로 부르고 서해안 지방에서는 밀낙이라고 부른다. 정약전의 〈자산어보(玆山魚譜)〉에 따르면 '낙지 서너 마리를 말라빠진 소에게 먹이면 금방 힘을 얻는다'고 전해진다. 그리고 〈동의보감〉에서는 '낙지 한 마리가 인삼 한 근에 버금 간다'고 기록하고 있어 펄 속에서 건져낸 인삼으로도 통한다. 이처럼 낙지는 영양뿐만 아니라 씹히는 맛도 매력적인 식품이다.

서린낙지 ☎ 735-0670 ✆ 종로구 종로1가 24 르메이에르 종로타운 2층
1959년 시작해 2대째 운영 중이다. 소시지가 듬뿍 올라간 불판에 낙지볶음을 섞어 먹으면 그만이다. 참기름이 들어간 대접에 밥을 비벼 먹을 수도 있다. 매운 맛이지만 바지락이 들어간 콩나물국으로 풀어준다.

이강순실비집 ☎ 732-7889 ✆ 종로구 청진동 277
현재의 주인 이강순 씨가 1993년 낙지볶음의 원조 박무순 할머니의 실비집을 인수해서 1998년 지금의 이름으로 상표 등록을 했다. 실비집은 싸게 먹을 수 있다는 의미다. 들어올 때부터 계산할 때까지 매운 것이 이 집의 특징이다.

원조할머니낙지센타 ☎ 734-1226 ✆ 종로구 청진동 265
본래 실비집의 주인이었던 박무순 할머니가 다시 문을 열고 낙지센타라는 간판을 달았다. 소위 무교동 낙지를 만든 장본인으로 무교동 낙지의 전설로 통한다. 평소 집에 온 손님에게 술안주로 내놨던 것을 개발해 만들었다고 한다.

우정낙지 ☎ 720-7991 ✆ 종로구 서린동 127
독천낙지골 ☎ 402-3160 ✆ 송파구 오금동 49-7
해태식당 ☎ 885-5398 ✆ 관악구 봉천4동 894-5
현대낙지 ☎ 544-8020 ✆ 강남구 신사동 550-3
할매식당 ☎ 757-3353 ✆ 중구 명동2가 31-1
광주식당 ☎ 557-5181 ✆ 강남구 대치동 909-1
유림낙지 ☎ 723-1720 ✆ 종로구 서린동 129-1

입이 커서
행복한 대구탕

대구에서는 한때 국밥을 대구탕이라 불렀던 적이 있다. 그러나 이제는 대구탕의 이름을 생선 대구에게 넘긴 지 오래. 생선 이름 중에는 별난 것들이 참 많지만 도대체 입이 얼마나 크기에 이름이 대구(大口)라는 것일까. 조선 후기 부녀자들의 생활 지침을 기록한 〈규합총서〉를 보면 대구에 대해 '다만 동해에서 나고 중국에는 없기 때문에 그 이름이 문헌에 없으나 중국 사람들이 진미라 하였다' 고 기록하고 있다.

비린 맛이 없고 담백해 겨울의 진미로 알려진 대구는 등 푸른 생선이 아니다. 몸 빛깔이 등 쪽은 갈색 또는 회갈색이며, 배 쪽은 흰색을 띤다. 등 쪽과 옆구리에는 모양이 고르지 않은 반점들이 있다. 몸의 형태는 앞부분이 두툼하며 뒤쪽으로 갈수록 가늘어지는데 머리와 입이 크고 위턱이 아래턱보다 더 앞쪽으로 튀어나와 있어 입을 다물면 아래턱을 감싸는 우스꽝스러운 형상이다.

대구는 6년 정도 지나면 최대 1미터까지 자라는 전형적인 탐식성 어류다. 그래서 어릴 때는 동물성 플랑크톤을 먹지만 성장해서는 고등어, 청어, 가자미와 같은 어류와 게, 갯지렁이 같은 것들도 닥치는 대로 잡아먹는다. 그렇게 여러 가지 종류의 먹을 거리를 챙기는 덕에 대구가 더 맛있는 것은 아닐까?

대구를 좋아하는 사람들은 대구탕만이 아니라 대구뽈찜, 대구뽈탕에도 열광한다. 뽈탕이나 뽈찜은 대구 볼에 붙어 있는 살과 뼈를 발라서 끓여내는 음식으로 부산의 명물로 통하며 겨울철 보양식으로 손색이 없다.

원대구탕 ☎ 797-4488 ✆ 용산구 한강로1가 142-4
삼각지 일대는 대구탕 골목으로 유명하다. 1979년에 열어 그 터줏대감 역할을 하는 곳으로 대구아가미 젓갈과 동치미가 곁들여진 대구탕이 나온다. 처음에 보신탕집을 하다 장사가 안 되는 바람에 대구탕으로 바꿔서 대박이 났다.

동해대구탕 ☎ 780-1210
✆ 영등포구 여의도동 25-12 신송센터 빌딩 지하1층
테이블 위에 불을 올려놓고 먹는 방식이 아니라 푹 끓인 대구탕을 그릇에 내놓는 스타일이다. 대구 뼈를 비롯해 갖은 채소를 넣고 육수를 끓여내어 국물 맛이 매우 진하다.

자원대구탕 ☎ 793-5900 ✆ 용산구 한강로1가 143-2
삼각지에서 원대구탕과 쌍벽을 이루는 집이다. 푸짐한 채소가 바닥에 깔리고 머리, 지라, 고니 등이 올려진다. 국물은 진하고 걸쭉해서 속이 든든할 정도. 시원한 동치미로 입가심을 해주면 좋다.

은성횟집 ☎ 2267-6813 ✆ 종로구 예지동 3-2
참생대구탕 ☎ 703-2432 ✆ 서울 마포구 용강동 43-2
신송한식 ☎ 784-5533 ✆ 영등포구 여의도동 25-6
뒤푸리 ☎ 780-4513 ✆ 영등포구 여의도동 13-25
문래대구탕 ☎ 2633-5529 ✆ 영등포구 문래4동 12-21
춘자대구탕 ☎ 334-5787 ✆ 마포구 서교동 375-5

세계 4대 진미로 꼽히는
복어

흔히들 세계 3대 진미로 '캐비어(철갑상어 알)'와 '트뤼프(송로버섯)' 그리고 '푸아그라(거위 간)'를 꼽는데 그 다음으로 꼽히는 것이 바로 얇디얇은 복어회. 중국의 소동파(蘇東坡)가 목숨과 바꿀 만한 최고의 맛이라고 극찬을 아끼지 않은 바로 그 요리다.

장미가 아름다운 이유가 가시 때문이라면 복어가 매력적인 재료인 것은 독성 때문이 아닐까? 100가지 맛을 가지고 있다는 복어는 청산가리보다 13배나 강한 독을 지니고 있는 것으로 알려져 있다. 난소, 간, 신장, 안구, 피부 등에 테트로도톡신이라는 치사율 60%의 맹독이 숨어 있는 것. 무색, 무미, 무취인 복어의 독은 먹이인 불가사리, 갯지렁이 등의 독이 복어 체내에 축적되어 생기는 것으로 본다. 이렇게 생긴 독은 복어 한 마리면 성인 33명의 생명을 앗아갈 수 있을 정도.

복어는 독성이 약해지고 살집이 차오르는 늦가을부터 다음해 2월까지가 제철이다. 복어회는 유난히 얇게 뜨는데 몸값이 비싸서라기보다 콜라겐 함량이 많아 육질이 단단하기 때문이다. 그래서 되도록 얇게 썰어야 제 맛을 즐길 수 있다.

복어는 최초 손질 뒤 신경이 살아있는 40분에서 1시간 사이에 먹어야 가장 맛있다. 담백한 것이 특징이므로 쌈에 싸서 된장을 찍어먹거나 고춧가루를 넣어 매운탕을 끓이면 복어 본연의 맛을 잃게 된다. 일반적으로 복어요리를 먹는 순서는 다음과 같다. 먼저 입맛을 돋우는 초회를 먹고, 다음으로 복어회, 복어튀김, 복지리의 순서로 먹는다.

송원 ☎ 755-3979 ⓟ 중구 소공동 117
복요리의 본고장인 일본 오사카에서 큰형님에게 복요리를 배운 뒤 1966년 식당을 열었다. 송원의 일미는 복어맑은탕. 미나리와 콩나물을 사용하지 않고, 오로지 대파와 쑥갓만 넣어 담백한 맛을 낸다. 복요리의 꽃으로 불리는 복회는 하루 정도 숙성해서 내놓는다.

부산복집 ☎ 2263-3198 ⓟ 중구 초동 49-2
마늘과 미나리, 콩나물을 가득 넣어 끓인 얼큰한 국물 맛이 일품이다. 저렴하면서 깊은 맛을 내는 알짜배기 식당으로 통한다. 복불고기도 즐겨 찾는 메뉴 중 하나.

삼호복집 ☎ 337-9019 ⓟ 서대문구 창천동 30-10
1979년 신촌 현대백화점 옆 골목에 열었다. 복머리와 함께 무, 다시마, 대파 등을 넣고 은은하게 우려낸 맑은 국물에 신선한 복을 툭툭 토막 내어 끓인다. 복지리와 샤브샤브가 진미다.

금수복국 ☎ 3448-5488 ⓟ 강남구 신사동 627-12
강서복집 ☎ 3661-6672 ⓟ 강서구 등촌1동 648
오래복집 ☎ 2263-6787 ⓟ 중구 장충동2가 186-38
조은복집 ☎ 547-1133 ⓟ 서초구 반포동 746-15
해동복국 ☎ 783-6011 ⓟ 영등포구 여의도동 44-1 태양빌딩 1층 109호
일복 ☎ 335-0168 ⓟ 마포구 서교동 355-18
해운대복집 ☎ 2661-1113 ⓟ 강서구 공항동 11-21

생선이 주재료인 찌개의 경우, 끓으면서 맛이 몇 번 달라지는데 처음에는 두부만, 그 다음은 두부와 국물을, 그리고 마지막으로 생선을 먹는 게 순서다. 끓자마자 생선부터 먹는 사람은 초짜인 셈이다.

명태의 신선함을
그대로 **생태찌개**

미식가를 판별하는 아주 훌륭한 문제가 있으니 그것은 바로 명태를 부르는 다양한 말이 아닐까 싶다. 명태에는 잡히는 시기와 가공 방법에 따라 무수히 많은 이름이 붙여진다. 갓 잡아올린 생태, 꽁꽁 얼린 동태, 한겨울 얼렸다 녹였다를 반복한 황태를 비롯해 약 30여 가지의 이름이 존재한다. 절반쯤 말리면 코다리, 완전히 말리면 북어가 된다. 마른 안주의 대명사인 노가리는 명태 새끼이며 황태로 말릴 때 일교차가 심해 하얗게 되면 백태, 기온 변화가 작아서 검게 되면 흑태(먹태)라 한다. 내장 그대로 말리면 통태, 소금에 절여 말리면 짝태, 머리를 떼고 말린 것은 무두태라 한다. 유자망으로 잡은 것은 그물태 또는 망태라고도 하며, 낚시로 잡은 것은 낚시태 혹은 조태라고 부른다. 원양어선에서 잡은 것은 원양태, 근해에서 잡으면 지방태. 기계로 급속 건조시킨 것은 하품으로 인정받아 급태라고 부른다. 명태의 유명 산지로 남한에서는 강원도 고성군 간성을 꼽는데 이곳 앞바다에서 잡힌 것을 최고로 치며 간태라고 부른다.

명태에도 제철이 있는데 성어기는 11월부터 이듬해 4월까지이다. 이때가 되면 명태들이 산란을 하러 동해안 일대에 무리를 지어 모여든다. 산란기 중에서도 12월부터 1월 사이에 잡히는 명태가 가장 맛있다고 알려져 있다. 사실상 명태가 동태가 되고, 북어가 되는 것은 수분의 차이일 뿐 성분에는 큰 차이가 없다. 다만 명태를 말리면 단백질의 함량이 2배로 늘어나 단백질이 전체 성분의 56%에 이른다. 그리고 명태는 한대성 어류이면서도 지방 함량이 낮아 비린내가 적고 맛이 담백하다. 이것이 한국인들에게 특별히 사랑받은 이유가 아닐까?

안성또순이집 ☎ 733-5830 ✆ 종로구 신문로 2가 1-161
35년째 생태찌개를 전문으로 하는 생태탕 맛집의 순례코스 중 하나. 정동에서 시작했고, 청진동 재개발로 신문로 뒤쪽으로 이전했다. 매일 많은 양을 소화하기 때문에 생태가 신선하고 양념과 육수 또한 훌륭하다.

한강생태 ☎ 716-7452 ✆ 용산구 한강로1가 257-9
처음에는 한강 갈비집이었다. 단골에게 우연히 맛을 보인 생태찌개가 인기가 있어 업종을 바꿨다. 육수는 14가지 재료를 넣고 3시간 동안 끓인다. 된장으로 간을 맞추는데 소금으로 하면 쓴 맛이 나기 때문이란다.

부산갈매기 ☎ 773-8146 ✆ 중구 북창동 94-42
북창동에는 생태찌개로 유명한 집들이 많이 있어 주변 회사원들과 주당들의 낙원으로 통한다. 부산갈매기는 부산출신의 주인장이 20년 전 창업한 곳으로 생태가 떨어지면 일찍 문을 닫기도 하는 도도함도 매력이다.

속초생태집 ☎ 753-8944 ✆ 중구 북창동 94-20
진미생태찌개 ☎ 701-3274 ✆ 마포구 용강동 60
부산식당 ☎ 733-5761 ✆ 종로구 관훈동 180
우리바다생태찌개 ☎ 582-0128 ✆ 서초구 서초동 1564-12
한양생태찌개 ☎ 780-5577 ✆ 영등포구 여의도동 35-3 여의도종합상가
남경 ☎ 569-5444 ✆ 강남구 역삼동 677-1
장성생태탕 ☎ 3446-0037 ✆ 강남구 논현동 63-5

못 생겨도 맛은 좋아
아귀찜

아귀는 한 때 어부들에게 냉대받던 물고기였다. 생김새가 얼마나 흉측했으면 잡은 것을 다시 바다에 집어던지거나 선창가에 버리고 갔을까? 바다에 던지면 텀벙하고 빠져 물텀벙이라 불렸고, 농부들은 선창가에 버려진 아귀를 거름으로 사용했다고 한다.

정약전의 〈자산어보〉에도 아귀가 나오는데 '조사어(釣絲魚)'라고 적혀 있다. 어민들은 굶주린 입을 가진 생선으로 '아구어(餓口魚)'라고 부르기도 했다. 입이 몸의 절반을 차지할 정도로 크고 못 생긴데다 뱃속에서 온갖 어패류가 나오는 걸 보고 그렇게 이름을 지었다고 한다.

아귀의 인생대역전은 1950년대 마산 오동동에서 혹부리 할머니가 마른 아귀에 된장, 간장, 콩나물, 마늘, 파를 섞어 요리하면서부터이다. 이후 입소문이 나면서 일대에 아귀찜 골목이 형성되어 전국으로 퍼져 나갔고, 지금처럼 매운 맛이 나게 된 건 1960년대 이후라고 한다. 마산시 오동동 뒷골목은 마산 아귀찜의 고향. 어버이날을 전후한 5월 8~9일에는 특별한 축제를 벌인다. 일명 아구데이. 표준어로는 아귀지만 부산, 경남에서는 아구라고 부르는데 59의 발음이 아구와 비슷하다고 해서 이 시기를 축제의 날로 잡았다. 사실 여기저기 마산 아구찜이란 간판을 내걸고 있는 식당들이 많지만 정작 마산식으로 아귀찜을 하는 곳은 찾아보기 힘들다. 무엇보다 마산식은 아귀를 한겨울에 20~30일 정도 말려서 사용하는 것이 특징이다. 그래서 오동동 아귀찜 식당들은 전통을 고집하느라 말린 아귀를 냉동 창고에 보관해두고 연중 판매한다. 아귀는 식성이 엄청나다. 배를 가르면 갈치, 꽁치, 오징어, 장어, 도다리와 같은 먹이들이 다양해서 덕분에 아귀속젓이 탄생했다. 아귀를 먹는 제철은 겨울이다. 산란기가 봄이라 영양분을 듬뿍 섭취해 육질과 영양이 최고조에 이른다. 좋은 아귀찜은 요리 바닥에 기름이 고이지 않는다. 신선도가 떨어지는 양념을 쓰면 기름이 고인다.

마산해물아구찜 ☎ 763-7494 ☞ 종로구 낙원동 45-3
통나무식당으로 유명한 이곳은 한 번 빠지면 헤어 나오기 힘들다. 아귀찜을 이곳에서 처음 먹어보고 다른 곳에 가면 후회를 하게 만드는 집이다. 일찍 가도 자리 잡기 힘든데 안국동 헌법재판소 뒤에 2호점이 있다.

옛날집 낙원아구찜 ☎ 741-3621 ☞ 종로구 낙원동 48
30년째 낙원동 아귀찜 골목을 지키고 있는 수문장. 이집은 경상도 맛보다는 서울 맛에 가깝게 양념을 한다. 생각보다 양이 많아서 주문할 때 욕심내지 않는 게 좋다. 매운 정도를 얘기하면 맞춰서 요리해 준다.

부산집 ☎ 546-9947 ☞ 강남구 논현동 16-1
신사동 일대에서 늦게까지 주당들의 술잔을 지켜주는 곳이기도 하다. 서서히 매운맛이 달아오르는 이곳의 아귀찜은 감칠맛이 난다. 배가 차지 않는다면 못난이 김밥이나 밥을 볶아먹어도 좋다.

첨벙 ☎ 543-8873 ☞ 강남구 논현동 16-2
서초아구찜 ☎ 522-3673 ☞ 서초구 서초3동 1588-8
군산아구꽃게전문점 ☎ 2295-7019 ☞ 성동구 마장동 767-42
목포꽃게아구 ☎ 2291-0149 ☞ 성동구 마장동 767-41
프로간장게장 ☎ 543-3529 ☞ 서초구 잠원동 22-19 성은빌딩 1층
아름소 ☎ 715-5446 ☞ 마포구 용강동 26-1
오늘은아구찜 ☎ 562-1852 ☞ 강남구 삼성1동 147-5

다양한 횟감의 묘미 **잡어회**

사실 듣는 생선은 기분 나쁠지도 모르겠다. 잡어라니… 그렇다면 누가 귀한 대접을 받는 생선이란 말인가? 실제로 횟집에 가서 흔히 먹는 광어나 우럭, 돔 등을 제외하면 그 이름도 제대로 알지 못하는 생선이 태반이다. 그런 이유로 웬만한 생선들을 통칭해 잡어회 혹은 막회라고 부른다.

잡어횟집에 가면 일본의 잔재가 남아 있는 말들을 쉽게 접하게 된다. '미주구리'라는 생선이 있는데 이는 우리말로 '물가자미'라고 하고, 흔히 '세꼬시'라고 하는 것은 '뼈째 썰기'라는 말이다. 뼈째 썬 뒤 얼음물에 씻어 수분을 제거해서 먹는데 세꼬시를 생선의 새끼라고 잘못 아는 사람도 많다. 잡어들의 특징이 덩치가 작고 뼈째 먹어야 제 맛이 나기 때문이다.

잡어횟집에는 철마다 신선한 생선들이 오르는데 겨울이면 과메기가 압권이다. 예전엔 청어로 과메기를 만들었는데 요즘엔 꽁치로도 만든다. 과메기라는 이름은 생선을 말리기 위해 눈을 꿰던 관목(貫目)에서 유래했다. 과메기는 바닷바람에 말리면서 발효시킨다. 발효라고 하지만 홍어처럼 삭히거나 고등어처럼 소금에 절이지도 않는다. 오로지 바닷바람에 말리는데 그래서 너무 습해도, 조금이라도 더워서도 안 된다. 강한 바람이 이들에게 최적인데 포항의 구룡포나 강구 해안이 그래서 유명하다.

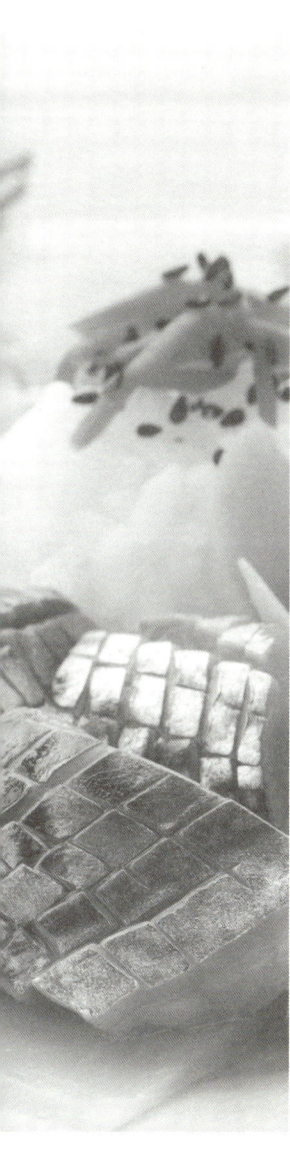

영일식당 ☎ 742-3213 　종로구 낙원동 82-3
들어가는 골목입구가 조금 민망한 러브호텔 골목이다. 매일 싱싱한 산지의 생선과 해산물을 들여와 현지에서 먹는 착각을 준다. 초장은 약간 달지만 음식과 궁합이 아주 잘 맞는다. 해산물을 지원하는 밑반찬도 훌륭하다.

해궁막회식당 ☎ 309-0012 　마포구 성산동 593-5
자동차 정비공장 골목 안쪽에 있어 단골 아니면 찾아가기 쉽지 않다. 앉으면 일단 잡곡을 갈아 만든 구수한 숭늉을 내놓는다. 20년 이상 노하우로 만든 초장과 과메기도 일품이고 서울에선 먹기 힘들다는 콩잎장아찌도 예술이다.

영덕회식당 ☎ 2267-0942 　중구 충무로4가 56-3
과메기도 손으로 집어야 제 맛이 난다는 주인장. 최고의 맛을 내기 위해 과메기는 장사 직전에야 껍질을 벗긴다. 초장은 오로지 고추장으로만 맛을 낸다. 물회와 문어도 이 집의 인기메뉴.

충무집 ☎ 776-4088 　중구 다동 140
진동횟집 ☎ 544-2179 　서초구 잠원동 36-32
막내회센타 ☎ 844-6150 　영등포구 신길2동 194-44
영일만 ☎ 522-4080 　동작구 사당1동 1040-32
삼학도 ☎ 3442-1601 　강남구 논현동 198-6 평해빌딩 1층
지세포세꼬시 ☎ 555-0087 　강남구 역삼1동 671-18
바다와논두렁 ☎ 3463-5951
　강남구 도곡동 965 중명하니빌 117호

다 양 한 　 횟 감 의 　 묘 미 　 잡 어 회

우리나라가 삼복더위를 말하는 것처럼
일본에도 더위가 시작되는 날과 더위가 끝나는
날이 있는데 그 중간에 '도요우노 우시노히'라는
축일이 있다. 바로 이 축일에 장어 요리를
주로 즐겼다고 한다.

풍천의 왕자
장어 요리

삼계탕이 한국인들의 여름 보양식으로 꼽힌다면 일본에서는 장어 덮밥이 여름나기 보양식으로 통한다. 일본에서 장어 요리가 유행하게 된 것은 에도 시대 어느 여름에 장어가 잘 팔리지 않자, '장어의 날'을 따로 지정하여 민간에 널리 권한 이후부터로 보는 견해가 많다. 장어는 비타민 B가 풍부해 남자들에게는 스태미나, 여자들에겐 피부에 특히 좋다.

우리나라가 삼복더위를 말하는 것처럼 일본에도 더위가 시작되는 날과 더위가 끝나는 날이 있는데 그 중간에 '도요우노 우시노히'라는 축일이 있다. 바로 이 축일에 장어 요리를 주로 즐겼다고 한다.

김성윤 작가의 〈식도락계 슈퍼스타32〉를 보면 장어에 대하여 다음과 같은 내용이 나온다.

"나의 별명은 뱀장어. 별명은 풍천장어다. 별명이 이렇다 보니 우리 고향을 풍천으로 아는 사람들이 많다. 어리석은 사람들아, 풍천은 지명이 아니다. 바다에서 밀물이 밀려오면 바람이 함께 부는데 풍천이란 이 바닷바람이 불어오는 강 하구를 뜻한다. 즉 풍천장어는 풍천에 사는 민물장어라는 뜻이다."

보통 곰장어라고 부르는 먹장어는 바다에 산다. 뱀장어는 5~12년을

민물에서 살다가 고향인 바다로 돌아가 알을 낳고 죽는다. 알에서 깨어나 1~3년을 바다에 살다가 다시 풍천으로 서식지를 옮긴다. 풍천장어는 물살이 급해서 운동량이 많고, 그래서 다른 장어보다 육질이 쫀득하고 고소하다.

일미장어 ☎ 777-4380　◎ 용산구 동자동 35-44
유별난 맛으로 28년째 손님이 늘 끊이지 않는 일미장어. 1981년 서울역 건너편에 자리를 잡았다. 메뉴는 단출하게 참숯불에 구워내는 장어소금구이 하나뿐이다. 들기름 소금장을 발라 초벌구이한 장어를 손님상에 올린다.

남서울민물장어 ☎ 544-1010　◎ 강남구 논현1동 204-3
장어는 200g정도 나가는 크기가 가장 맛이 좋다. 그래서 장어 마니아들은 1㎏에 5마리라는 의미인 오미 장어를 최고로 친다. 이곳은 이런 오미 장어로 유명하다. 장어 정식과 장어탕이 인기 메뉴다.

옛집 ☎ 793-5955　◎ 용산구 한강로동 65-427
구이도 유명하지만 탕도 일품인 집이다. 30여 년의 내공이 느껴진다. 장어탕은 장어 뼈와 머리를 7시간 우려내 육수를 낸다. 된장을 풀고 다양한 채소를 넣고 걸쭉하게 끓여낸다.

송강 ☎ 598-9288　◎ 서초구 방배동 1002-1
풍천장어 ☎ 540-4201　◎ 강남구 논현동 143-24
화천민물장어 ☎ 545-2959　◎ 강남구 논현동 277-33
강변민물장어 ☎ 542-7930　◎ 강남구 청담1동 130-22
여수한두레 ☎ 737-4343　◎ 종로구 당주동 25
장추 ☎ 2274-8992　◎ 중구 충무로3가 58-8
부산집 ☎ 336-5523　◎ 마포구 서교동 206-1

냉대받다 스타로
떠오른 **주꾸미**

사람들은 가끔 낙지와 주꾸미를 같은 선상에 놓고 생각한다. 아마도 흐느적거리는 연체동물이라는 점 때문일 것이다. 문어과의 연체동물인 주꾸미는 지역마다 이름이 제각각이다. 전라남도와 충청남도에서는 '쭈깨미', 경상남도에서는 '쭈게미'라고 불린다. 그밖에 '쭈꾸미', '죽거미', '쯔그미' 등으로도 불린다. 하지만 정확한 이름은 주꾸미다.

옳은 표기법은 주꾸미지만 어디 가서 "주꾸미 주세요"라고 말하면 왠지 주꾸미 맛이 떨어지게 느껴진다. 자장면보다 짜장면이란 발음이 더 식감이 작용하는 것처럼 주꾸미도 쭈꾸미라고 해야 어쩐지 입맛이 사는 것 같다.

주꾸미는 한때 비싸서 먹기 힘든 낙지의 대체 음식으로 통하기도 했다. 하지만 주꾸미에 몸에 활력을 주는 타우린이 많다고 알려지면서 이젠 제 값을 톡톡히 받고 있다. 낙지와 비교하자면 크기부터 다르다. 몸통에 8개의 다리가 있지만 낙지에 비하면 약 1/3에 불과하다.

주꾸미를 잡는 방식은 크게 두 가지인데 소라와 고둥의 빈껍데기를 이용한 전통적인 방식과 그물망을 이용해 잡는 방식이다. 전통적인 방식은 생물로 잡을 수 있어 좋지만 그 수가 많지 않다. 반면에 그물망을 이용한 방식은 많이 잡히기는 하나 대다수가 죽어서 올라온다.

모든 음식은 그 때 거기서 먹어봐야 한다는데 주꾸미 역시 제철이 되면 서해안에서 축제가 열린다. 이 때를 잡아서 여행을 다녀오는 것도 좋다. 서천 마량리와 보령 무창포, 군산 해망동, 부안 곰소항의 주꾸미 축제가 유명하다.

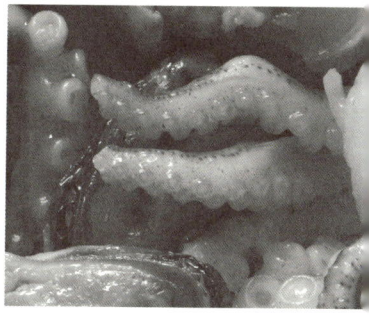

삼오쭈꾸미 ☎ 362-2120 ✆ 서대문구 미근동 31-6
콩나물에 양념을 가미한 주꾸미 전골이 인기다. 칼칼하면서도 살짝 혀끝에 남는 국물 맛이 일품이다. 해장하러 오는 사람들도 많은데 주꾸미를 건져 먹고 나서 밥을 말아 먹으면 속이 든든하다.

충무로쭈꾸미불고기 ☎ 2279-0803 ✆ 중구 필동1가 3-20
주꾸미 숯불구이의 원조 격인 집이다. 숯불에 구워주는 주꾸미 불고기로 더욱 유명하다. 이 집 주꾸미는 1년생으로 알이 차지 않은 주꾸미만을 사용한다. 알이 찬 주꾸미는 데쳐 먹기에는 맛이 있지만 구이용으로 적합하지 않다고 한다.

마포쭈꾸미숯불구이 ☎ 719-8393 ✆ 마포구 용강동 40-1
자리를 잡고 앉으면 채소와 두툼한 부침개와 백김치가 올라온다. 이곳의 메뉴는 쭈꾸미숯불구이 단 하나. 특별히 뭘 먹어야 할 지 고민하지 않아도 좋다. 밥도 되고 술자리 안주에도 그만이라 회식도 많이 하는 집이다.

나정순할매쭈꾸미 ☎ 928-0231 ✆ 동대문구 용두동 119-20
원조소문난쭈꾸미 ☎ 773-9220 ✆ 중구 명동2가 105-65
교동집 ☎ 337-3663 ✆ 마포구 동교동 153-8
이모네쭈꾸미 ☎ 584-7087 ✆ 서초구 서초동 1571-9
영동쭈꾸미 ☎ 517-9592 ✆ 강남구 논현동 144 신도빌딩 1층
논현쭈꾸미 ☎ 514-9557 ✆ 강남구 논현동 165-10
안씨네쭈꾸미 ☎ 969-7668 ✆ 동대문구 회기동 75

가을의 전설
추어탕

추어탕의 추어는 잘 알려졌듯이 미꾸라지를 말한다. 보양식으로 알려진 추어탕, 하지만 의외로 추어탕을 먹지 못하는 사람들도 꽤 많다. 아마도 미꾸라지의 까맣고 미끌미끌한 생김새가 기피 동물인 뱀을 연상케 하기 때문이 아닌가 한다.

추어탕은 고려 말 송나라 사신 서긍이 쓴 〈고려도경〉에 처음 등장한 음식. 추어는 고기 어(魚)자에 가을 추(秋)자가 결합된 가을이 제철인 물고기지만 실제로 추어탕은 여름을 이기기 위한 최고의 스태미나 음식으로 꼽힌다. 이 추어를 요리하는 방법도 지역마다 조금씩 차이가 있다. 크게 세 가지로 나뉘는데 서울 방식, 남도 방식, 원주 방식이 그것.

서울식 추어탕은 추어를 통째로 넣는 원주식과 같지만 추어탕의 육수를 양지머리나 곱창으로 낸다. 통으로 끓여 담백하고, 추어에서 나는 비릿한 냄새도 거의 없다. 처음 먹어본 사람들은 마치 육개장을 먹는 얼큰함을 느낀다. 그래서 서울식은 따로 '추탕'이라고 부른다. 이외에도 버섯, 유부, 두부가 듬뿍 들어가는 것이 특징이다.

남도 지방에서는 추어를 삶은 후 고운 채로 뼈를 발라낸다. 삶은 시래기를 넣고, 된장을 풀어 맛을 내는데 전라도는 진하고 구수한 편이고 경상도는 국물이 맑고 깔끔한 것이 특징이다. 물론 남도 지방에도 추어탕에 미꾸라지를 통째로 넣는 통 마리 방식도 있다.

간판 중에 남원추어탕, 원주추어탕이 대세를 이루는 이유도 여기에 있는데 이는 지방 이름이 들어간 상호는 누구나 쓸 수 있기 때문이다.

추어탕은 요리하는 데 다소 번거롭다. 미꾸라지가 진흙 속에서 유기물을 먹고 살아 흙내와 비린내가 심하다. 그래서 한줌의 소금을 넣어 해감을 토하게 하고 흐르는 물에 씻어 비린내를 제거해야 한다.

용금옥 ☎ 777-1689 ✉ 중구 다동 165-1
1932년에 시작해 3대째 가업을 잇고 있다. 이 집은 특이하게 양곱창 육수로 추어탕을 끓인다. 주재료인 미꾸라지를 통째로 넣어 만든다. 처음에는 국물이 많아 소면을 말아 먹고 중간 정도 먹은 후에 밥을 말아 먹는 것이 좋다.

형제추탕 ☎ 919-4455 ✉ 성북구 하월곡1동 88-9
1932년 신설동에는 형제주점이라는 전설의 추탕집이 있었다. 형제추탕은 그 맥을 잇는 집으로 얼큰한 추탕 맛에 뒷맛이 깔끔하다.

원주추어탕 ☎ 557-8647 ✉ 강남구 역삼1동 809-1
추어에 각종 채소를 넣고 들깨 가루와 양념을 넣어 끓인다. 테이블에서 직접 끓이는 방식으로 마지막까지 뜨끈하게 먹을 수 있다. 한 번에 밥을 다 말지 말고 앞 접시에 한 국자 덜어 밥을 조금씩 말아먹는 것이 좋다. 삼성동에도 분점이 있다.

남도식당 ✉ 중구 정동 11-4(정동극장 옆골목)
남원추어탕 ☎ 2636-2232 ✉ 영등포구 영등포동7가 44-1
천지골추어탕 ☎ 394-8888 ✉ 종로구 구기동 88-16
구마산 ☎ 782-3269 ✉ 영등포구 여의도동 43
원주추어탕 ☎ 556-9879 ✉ 강남구 삼성동 162-7 영명빌딩
원주추어탕 ☎ 572-0725 ✉ 서초구 양재동 352-3
곰보추탕 ☎ 928-5435 ✉ 동대문구 용두2동 767-6

해물탕을 먹는 데 특별한 순서가 있는 건
아니지만 미나리는 숨이 죽을 무렵 바로 먹고,
해물 중에서는 낙지를 가장 먼저 꺼내 먹는다.
낙지는 오래 끓이면 질겨지는 까닭이다.
반대로 조개류는 끓일수록 깊은 맛이 우러난다.

미나리 향에
바다 내음이 물씬 해물탕

해물탕에 듬뿍 들어간 미나리를 보면 그 집 주인의 손님에 대한 마음 씀씀이를 알 수 있다. 논에 흔한 미나리 같지만 임금님 수라상에 올랐던 건강 채소다. 피를 맑게 해주는 미나리는 해독 작용이 뛰어나고 숙취 해소에도 좋다. 해물탕 등에 미나리가 많이 쓰이는 이유도 각종 중금속이나 독소를 빼주는 효능이 탁월하기 때문이다. 또한 세포 노화를 막아주고, 항암 효과 역시 뛰어난 것으로 나타났다. 그러나 미나리를 너무 익혀 먹으면 영양분이 반감된다. 소금물에 살짝 데쳐 먹을 때 그 함유량이 60% 증가한다.

정약전을 생각하면서 빼놓을 수 없는 것이 그의 저서들이다. 특히 유배생활을 하며 펴냈던 어류학 전문서 〈자산어보(茲山漁譜)〉는 지금도 그 치밀한 관찰력에 혀를 내두르게 된다. 자산은 전라남도 무안군의 흑산도를 가리키는 명칭으로 자산어보는 근해의 수산물들을 기록한 책이다. 자산어보에는 수산동식물 227종에 대한 형태와 명칭, 맛과 약효가 상세히 기록되어 있다.

해물탕은 만들 때 몇 가지 주의할 것이 있다. 보통 집에서도 해물탕을 만들어 먹는데 새우는 등 쪽의 내장을 털어내면 구수한 맛이 나고, 오징어는 껍질을 벗겨야 텁텁하지 않다. 육수는 맹물에 하면 밍밍하기 때문에 멸치 육수나 양지머리 육수로 끓이면 맛이 배가된다. 먹는 데 특별한 순서가 있는 건 아니지만 미나리는 너무 익히지 말고 숨이 죽을 때쯤 먹어주고, 다른 무엇보다 먼저 낙지를 꺼내 먹는다. 낙지는 오래 끓이면 질겨지는 까닭이다. 반대로 조개류는 끓일수록 깊은 맛이 우러난다.

암사해물탕 ☎ 427-4200　✆ 강동구 암사1동 462-2
국물이 자극적이지 않고 해물 특유의 맛을 낸다. 김치 맛이 좋다는 평가가 많다. 신선한 해물을 푸짐하게 먹고 싶을 때 가족끼리 찾으면 좋다. 해물탕 먹고 볶음밥으로 마무리한다.

원미해물탕 ☎ 717-7710　✆ 마포구 용강동 26-4
30년 전통의 손맛과 인테리어가 빛난다. 보통 해물탕은 조개나 멸치 육수로 맛을 내는데 이 집은 양지머리를 고아낸 국물에 볶은 생강을 넣어 잡냄새를 없앴다. 해물탕에서 시작해 버섯 매운탕까지 인기를 끌고 있다.

복정집 ☎ 418-8181　✆ 송파구 잠실본동 179-3
해물탕의 기본인 신선함이 유지되고 맛이 한결같은 집이다. 멸치 육수, 무와 콩나물을 넣은 냄비에 가득 담긴 각종 해산물이 보기만 해도 입맛을 돋운다. 처음엔 비싸게 느껴지지만 식사를 마치고 밀려오는 포만감은 톡톡히 제값을 한다.

밀리네해물잡탕 ☎ 719-5113　✆ 마포구 염리동 8-61
소정 ☎ 962-8060　✆ 동대문구 제기동 443
진도집 ☎ 753-6988　✆ 중구 회현동1가 195-4
아름소 ☎ 715-5446　✆ 마포구 용강동 26-1
어머니집 ☎ 776-3896　✆ 중구 명동2가 32-8
명가진미 ☎ 703-1030　✆ 마포구 용강동 38-1
첨벙 ☎ 3437-3535　✆ 광진구 구의동 218-11

혀끝이 저릿저릿
홍어요리

외국인이고 내국인이고 홍어를 두려워하는 사람들이 많다. 필자도 한 지인의 추천과 개인적인 도전 정신(?)이 없었다면 평생 이 환상적인 맛의 즐거움을 몰랐을 것이다. 홍어의 삭힌 냄새는 솔직히 누구도 좋아하기 힘들다. 냄새만으로 사람들을 저만치 쫓아내는 음식이기도 하니까. 그러나 천천히 음미해보면 그 진가를 알 수 있는데 처음부터 홍어만 먹기보다는 홍어삼합 같은 음식으로 시작해 보는 게 좋다. 홍어에 신 김치, 그리고 돼지 고기 삶은 것을 막걸리와 함께 곁들이면 홍어만의 냄새도 덜하고 그 맛도 배가된다. 홍어를 삭혀서 먹게 된 배경은 산지와의 거리 때문이었다. 흑산도에서 많이 잡힌 홍어는 영산포로 들여오게 되는데 당시는 교통이 불편해 닷새나 걸렸다. 그래서 배에 싣고 오던 홍어가 발효되어 버린 것이고, 이것이 바로 숙성시켜 먹는 홍어의 시발점이 되었다. '만만한 게 홍어 좆이다' 라는 말을 한두 번은 들어보았을 것이다. 홍어의 생식기는 홍어 아랫배에 달려 있는데 가시가 돋친 채 막대 모양으로 두 개나 달려 있다. 그리고 몸 크기의 20~30%에 이를 정도로 크다. 수컷 홍어가 잡히면 뱃사람들은 생식기부터 잘라낸다. 생식기의 가시 때문에 조업에 걸리적거리고 손을 다칠 수도 있기 때문이다. 그리고 결정적으로 암컷이 수컷보다 부드럽고 쫄깃하다고 알려지면서 값이 더 비싸다. 그래서 홍어 좆이란 의미는 별 필요 없거나 만만한 사람을 일컫는다. 보통의 음식에서는 대개 작은 것을 선호하지만 홍어는 딴판이다. 삭혀서 많이 먹는 홍어는 작은 것보다 8킬로그램 이상 나가는 큰 홍어가 잘 삭혀지고 맛도 뛰어나다. 홍어를 처음 접하면 냄새에 화들짝 놀라는데 삭히는 과정에서 미생물 때문에 요소가 암모니아로 변하면서 강한 냄새를 유발하기 때문이다. 전라도에서는 아무리 푸짐하게 상을 차려도 홍어가 빠지면 차린 게 없다는 소리를 들을 정도로 인기 많은 음식이다.

홍어찜회 ☎ 2252-5493 ☞ 중구 흥인동 12-4
30년 전라도 할머니의 손맛이 배어 있는 곳이다. 메뉴는 단출하게 홍어찜과 홍어회 두 가지 뿐이다. 그리고 반드시 먹어보아야 할 것이 특별하게 만든 식초 양념장이다.

순라길 ☎ 3672-5513 ☞ 종로구 권농동 148
홍어 마니아들 사이에서 순라길 모르면 간첩이란 말이 있다. 〈식객〉에 소개되면서 더욱 명성을 날리고 있는 순라길. 삭힌 홍어가 떨어지면 영업시간 이전에도 문을 닫는다.

목포홍어집 ☎ 747-9022 ☞ 종로구 돈의동 13
목포에서 올라온 주인이 작게 가게를 차렸다가 입소문으로 금세 번창한 집이다. 비교적 처음 먹는 초보자들에게도 무난하다. 밑반찬으로 나오는 음식들도 아주 좋다.

목포집 ☎ 737-9322 ☞ 종로구 수송동 58 두산위브 파빌리온
신안촌 ☎ 725-7744 ☞ 종로구 내자동 152
홍탁집 ☎ 2266-6332 ☞ 중구 충무로5가 76-2
신설홍어횟집 ☎ 2234-1644 ☞ 동대문구 신설동 92-60
목포집 ☎ 722-0976 ☞ 종로구 운니동 51
홍어가막걸리를만났을때 ☎ 733-3031 ☞ 종로구 관훈동 118-16
옥주식당 ☎ 567-4009 ☞ 강남구 역삼2동 719-20

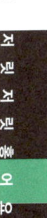

지구촌 누들로의 초대

※ 메뉴는 가나다순입니다.

냉면 구수하고 그윽한 평양냉면, 새콤달콤 함흥냉면… 365일 외식 메뉴
라면 인스턴트 라면의 놀라운 변신! 매워서 맛있고, 푸짐해서 더 맛있다
막국수 춘천이 낳은 한국의 명물 국수! 동치미에 말아도 좋고 넉넉하게 비벼도 좋고!
메밀국수 무와 와사비를 넣은 짭조름한 소스의 감칠맛! 건강에도, 다이어트에도 제격
우동 진하게 우려낸 가쓰오부시 국물의 유혹! 두툼하고 쫀득한 면발이 관건
일본 라멘 닭 뼈와 돼지 뼈를 우려낸 깊고 그윽한 국물과 생라면의 절묘한 만남
자장면 중국에서는 먹을 수 없는, 중국 사람들도 좋아하는 한국식 자장면의 매력
짬뽕 매콤한 국물과 갖은 해물의 환상적인 궁합! 속풀이 해장 면으로도 안성맞춤
칼국수 경상도에서 태어난 한국 대표 음식! 비 오는 날이면 생각나는 추억의 메뉴
콩국수 삶아서 갈아낸 콩국물이 몸매도 가꿔주고, 건강도 지켜준다
파스타 먹어도 먹어도 자꾸 생각나는 멋쟁이 별미! 폼 재면서 운치있게 먹기에도 딱!
한식 국수 멸치 육수, 쇠고기 육수… 한국의 자존심을 높여주는 다양한 메뉴들

담백하거나
새콤달콤하거나 냉면

면 요리 전문가 켄 홈은 KBS 다큐멘터리 '누들 로드'를 통해 한국의 국수 중에서 가장 기억에 남는 음식으로 냉면을 들었다. 얼음을 넣어 차갑게 해서 먹는 면 요리는 세계적으로도 정말 특별한 메뉴인데 한국에서 맛본 냉면의 깊고 시원한 맛이 두고두고 생각난다는 것.

냉면은 주로 추운 지역인 이북이 고향이다. 사실 냉면의 제철은 겨울이라고 한다. 지금처럼 냉면을 남쪽에서도 많이 먹게 된 건 6.25전쟁의 영향이다. 북쪽의 피난민들이 남쪽에 정착하면서 여름을 대표하는 음식으로 거듭났다. 냉면이 겨울 음식이라는 것에는 한의학에서도 동의한다. 냉면처럼 찬 음식을 겨울에 먹는 것이 옳은 이유는 더운 여름에 인체가 체온을 조절하느라 내장 쪽 온도가 내려가기 때문이라는 것이다. 찬 냉면을 먹으면 가뜩이나 찬 속이 더 차가워진다는 뜻이다.

냉면은 평양냉면과 함흥냉면으로 나뉜다. 평양냉면은 면발에 메밀의 함량이 높고, 함흥냉면은 고구마 전분의 함량이 높다. 메밀로만 면을 만들면 툭툭 끊어져서 밀가루나 전분을 섞어 반죽해야 한다. 평양냉면이 잘 끊어지고 함흥냉면이 질긴 이유다. 또한 평양냉면은 주로 꿩이나 닭, 사골 우린 육수 또는 동치미 국물에 말아 먹는 물냉면이 주류를 이루었고, 함흥냉면은 면 위에 홍어회나 가자미회를 얹은 비빔냉면 위주였다. 북쪽의 혹독한 겨울을 나기 위해 함경도 사람들이 매운 맛을 즐긴 탓이다.

한서(漢書)에 다음과 같은 구절이 있다. '大味必淡(대미필담)'-정말 좋은 맛은 담백한 맛이라는 의미이다. 그런 점에 비춰본다면 평양냉면이 제격일 것이다. 함흥냉면만 먹다가 평양냉면을 접한 이들은 평양냉면의 심심한 맛을 잘 이해하지 못한다. 적어도 서너 번은 더 먹어봐야 진정한 평양냉면 맛을 느낄 수 있다.

예외적으로 남쪽 지방의 냉면 중에서 유명한 것은 진주냉면이다. 1994년 북한에서 발행된 〈조선의 민족 전통 식생활 풍습〉에 따르면 '냉면 중 제일로 여기는 것은 평양냉면과 진주냉면이다'라고 기록될 정도. 진주냉면은 일반 냉면과 달리 해산물 육수를 사용하는 것이 특징이다. 닭이 먼저냐 달걀이 먼저냐의 차이처럼 냉면을 먹을 때 달걀을 먼저 먹을지, 면을 먼저 먹을지 고민하는 경우도 있다. 위장을 생각한다면 달걀부터 먹는 것이 방법. 위장에 부담이 되는 메밀의 소화를 돕고, 입안에 남은 잔 맛을 없애주기 때문이다. 냉면의 주원료인 메밀이 쌀보다 거칠어 빈속에 먹으면 위 내벽을 자극하기 쉽다는 것도 이유가 된다. 냉면의 동치미 무는 위 부담을 덜어준다.

냉면을 만들다 실패해서 탄생한 것이 쫄면이라면 냉면을 만들 메밀 전분이 모자라 탄생한 것이 밀면이다. 밀면은 부산이 원조. 피난민들이 부산에 자리 잡은 뒤 미군 부대에서 흘러나온 밀가루에 전분을 섞어 밀가루 냉면을 만들어 먹으면서 생긴 음식이라 부산판 함흥냉면으로 불린다.

우래옥 ☎ 2265-0151 ◎ 중구 주교동 118-1
1946년부터 평양냉면으로 유명한 집. 평양냉면의 성지순례 코스이기도 하다. 툭툭 끊어지는 면발과 동치미가 가미된 육수로 정통 평양냉면 맛을 볼 수 있다. 이 집에는 순면이라는 것이 있는데 100% 메밀을 사용해 색다른 향취를 느끼게 해준다.

을밀대 ☎ 717-1922 ◎ 마포구 염리동 147-6
1971년 테이블 6개로 시작했다. 육수는 10여 시간 정도, 소의 주요 뼈들을 삶아 말 그대로 진국이다. 거기에 추가로 양지 등 쇠고기 여러 부위와 과일, 채소 등도 가미한다. 그래서 냉면을 먹고도 한 끼 든든한 포만감을 준다.

평양면옥 ☎ 2267-7784 ✆ 중구 장충동1가 26-14

평양에서 대동면옥을 경영했던 주인이 월남하여 창업한 냉면집이다. 직접 제분기를 마련해서 면을 뽑는다. 메밀 함량이 높아 마니아들 사이에서는 최고의 면으로 각광받는다. 양지와 사태로 끓인 맑고 담백한 육수도 좋다.

오장동흥남집 ☎ 2266-0735 ✆ 중구 오장동 101-7

1953년 개업한 유서 깊은 냉면으로 면은 메밀이 아닌 100% 고구마 전분을 사용해 만든다. 육수는 순수 한우 사골만 푹 고와내서 맛이 담백하다. 가게에는 수십 년간 일한 사람이 많다고 한다. 홍어도 육질이 단단한 백령도 산을 사용한다.

함흥곰보냉면 ☎ 2267-6922 ✆ 종로구 예지동 50

뜨끈한 육수는 회냉면을 맛보기 전에 속을 풀어준다. 양념이 자극적이지 않아서 부담이 없다. 구수한 맛이지만 먹다보면 은근히 매운 맛이 오른다. 비빔냉면을 먹다 육수를 넣으면 색다른 맛이 된다고.

함흥냉면옛날집 ☎ 2267-8497 ✆ 종로구 예지동 163

예지동은 세운교와 배오개다리 사이에 위치해 있다. 면발을 직접 손 반죽해 만든 덕분에 쫄깃하고 매끄럽다. 1953년 함흥사람이 문을 연 냉면집을 1972년에 인수해 지금까지 운영해오고 있다.

벽제갈비 ☎ 415-5522 ✆ 송파구 방이1동 205-8

을지옥 ☎ 2266-7052 ✆ 중구 입정동 177-1

봉피양 ☎ 587-7018 ✆ 서초구 서초동 1330 토아텔 1층

필동면옥 ☎ 2266-2611 ✆ 중구 필동3가 1-5

만포면옥 ☎ 389-3917 ✆ 은평구 대조동 222-17

서북면옥 ☎ 457-8319 ✆ 광진구 구의동 80-47

남포면옥 ☎ 777-3131 ✆ 중구 다동 125

함흥냉면 ☎ 2678-2722 ✆ 영등포구 영등포동3가 7-32

함흥옥 ☎ 776-8430 ✆ 중구 명동2가 26-1

깃대봉냉면 ☎ 762-4407 ✆ 종로구 숭인동 56-25

동아냉면 ☎ 796-2796 ✆ 용산구 보광동 265-576

신창면옥 ☎ 2273-4889 ✆ 중구 오장동 90-8

오장동함흥냉면 ☎ 2267-9500 ✆ 중구 오장동 90-10

낙산냉면 ☎ 743-7285 ✆ 성북구 삼선동1가 307-5

한 때는 10원이었던 라면

인스턴트 라면의 종주국은 다름 아닌 일본으로 1958년 닛신(日淸)식품이 세계 최초로 선보였다. 당시 일본에서 선보인 라면은 면에 양념이 가미된 '아지쯔케멘(味附麵)'이었다. 그러나 양념 탓에 유통기한이 짧았고, 이후 면 따로, 스프 따로 만든 형태로 1961년에 일본 '묘조(明星)식품'에서 치킨 라면을 내놓았다. 그렇다면 라면은 어떻게 만드는 것일까? 국수를 기름에 튀기면 면속의 수분이 증발하고, 미세한 구멍이 생긴다. 이 상태로 건조했다가 조리할 때 물을 넣고 끓이면 면속의 구멍에 물이 들어가 본래의 상태로 풀어지는 것을 이용한 것이다. '세계라면협회(IRMA)'가 발표한 통계에 따르면 세계에서 인스턴트 라면을 가장 많이 먹는 나라는 중국. 연간 442억 개를 해치운다고 한다. 그 뒤를 이어 인도네시아가 124억 개, 일본이 54억 개, 미국이 39억 개이고 그 뒤가 36억 개로 한국이다. 그러나 1인당 라면 소비량으로만 따진다면 한국은 절대 강자라고 할 만하다. 1인당 연간 75개의 라면을 먹어치우는 까닭이다. 1인당 라면 소비량에서 2위를 차지한 인도네시아의 52개를 훨씬 상회한다.

라면의 달인이라고 불릴 만한 '틈새라면'의 김복현 사장은 30년 가량 라면만 끓여온 산증인으로 라면을 맛있게 조리하는 특별한 비법을 가진 인물이기도 하다. 그의 말에 따르면 라면은 하나를 끓일 때보다 두 개일 때가 더 맛있고, 영업점의 경우에는 2분 정도 끓일 때 손님들의 반응이 가장 좋으며, 제조일로부터 2주 지난 라면이 가장 맛이 좋다고 한다.

틈새라면 ☎ 756-5477　중구 명동2가 3-2
명동의 터줏대감이라고 칭해도 좋은 집. 라면 전문점으로서는 가히 혁명적이다. 메뉴 중에서 '빨계떡'이 가장 유명한데 빨갛고, 달걀 넣고, 떡이 들어갔다고 해서 붙여진 이름이다. 주인장이 술을 좋아해서 속 풀이 라면으로 개발했다가 대박이 났다.

라면땡기는날 ☎ 733-3330　종로구 화동 138-21
모든 라면이 뚝배기에 담겨 나오는 것이 특징이다. 땀을 쫙 빼는 얼큰한 짬뽕라면이 인기가 많은데 오징어와 각종 채소를 넣고 양념장을 넣어 만든다. 속 풀이가 필요하다면 해장라면도 좋다.

황토군토담면오다리 ☎ 555-4985
강남구 삼성동 141 성원빌딩 B1 18호
그릇으로 군대에서 사용하는 반합을 사용해 인기를 끈 곳이다. 맹물이 아닌 독자적으로 만든 육수로 라면 맛을 더하고 있다. 매운 정도에 따라 청양고추를 조절하고 취향에 따라 달걀, 만두, 치즈 등의 토핑을 추가할 수 있다.

훼드라 ☎ 337-1506　서대문구 창천동 62-4
면빠리네 ☎ 324-6574　서대문구 창천동 30-22
삼숙이라면 ☎ 720-9711　종로구 인사동 220-2
일공육라면 ☎ 3142-1241
　마포구 서교동 344-1 푸르지오 아파트 상가 1층
라면점빵 ☎ 738-7865　종로구 필운동 2
라면이레 ☎ 922-4530　성북구 동선동1가 85-50
라젠 ☎ 6264-7080　양천구 목1동 917 지하상가 39호

시원한 동치미
국물에 훌훌 막국수

호반의 도시 춘천에는 유명한 '3수'가 있다. 호수, 이외수, 막국수가 바로 그 주인공. 막국수는 메밀을 갈아 분말을 만드는 과정에서 껍질이 잘 벗겨지지 않아 따로 모아 빻은 막가루로 만든 국수라 하여 붙여진 이름이다. 막국수의 유래를 살펴보면 조선 인조 때, 흉년으로 기근이 들자 호구지책으로 탄생했다는 설이 있다. 당시에는 바가지에 구멍을 내고, 반죽을 눌러 면발을 만들었다. 지금 같은 현대적인 막국수의 유래는 태백산맥 화전민과 농민들이 먹던 메밀수제비에서 유래했다고 본다. 막국수의 주재료인 메밀은 기후 조건이 열악한 지역에서 많이 길렀는데 특히 이북 지역에서 생산이 많았다. 북쪽 실향민들이 6.26전쟁 이후 영서 지역에 머물며 함께 발달한 것으로 본다. 초기에는 동치미 국물에 말아먹거나 약간의 양념을 가미하는 정도였지만 점점 양념이 진해지고, 고명이 많은 형태로 발전하게 되었다.

막국수가 현재처럼 대중들이 많이 찾는 음식으로 발전한 것은 6.25전쟁 이후다. 시장터에서 서민들을 상대로 장사를 하기 시작했고, 1970년대부터 춘천 도심지 곳곳에 막국수 가게들이 생겨나기 시작했다. 그 뒤로 신세대 입맛에 맞춘 쟁반막국수, 뜨거운 육수에 말아먹는 온국수 등으로 다양하게 발전했다.

사람들은 흔히 막국수의 계절을 여름으로 알고 있지만, 막국수는 가을이 제철. 그 해 가을에 수확한 메밀로 만든 햇 막국수가 가장 맛이 좋다고 한다. 이런 이유로 매년 8~9월 즈음이면 춘천에서는 막국수 축제가 열린다. 이때에 맞춰 찾아가면 다양한 행사와 막국수의 더욱 깊은 참맛을 느낄 수 있다.

김삿갓막국수 ☎ 2058-3077　✆ 서초구 신원동 488-4
원래 속초에서 같은 상호로 10년 동안 이름을 날렸던 주인 내외가 서울로 올라와 가게를 차렸다. 봉평 메밀을 직접 반죽해서 면을 뽑아낸다. 주방이 훤히 보여서 면을 뽑는 과정도 구경할 수 있다.

만포막국수 ☎ 2235-1357　✆ 중구 신당2동 425-18
고향이 만포진인 주인이 따서 붙인 이름이다. 30년 넘게 이곳에서 하던 가게를 조카가 물려받아 이어오고 있다. 막국수 이외에도 만두와 찜닭이 유명하다. 특히 찜닭에 찍어먹는 소스에는 이집만의 독특한 맛이 숨어 있다.

춘천막국수산골면옥 ☎ 2266-5409　✆ 중구 을지로 4가 61
1962년 춘천에서 시작해 1971년 현재의 터에 자리를 잡았다. 서울에서 먹는 춘천막국수의 원조집으로 불린다. 동치미 국물이 일품이고 양이 부족하다 싶으면 녹두빈대떡을 같이 시키면 좋다.

미리내막국수 ☎ 737-5777　✆ 종로구 신문로1가 29
춘천막국수 ☎ 2232-2969　✆ 중구 신당3동 368-86
고성막국수 ☎ 2665-1205　✆ 강서구 방화3동 323-6
처가집 ☎ 2235-4589　✆ 중구 신당2동 432-117
샘밭막국수 ☎ 585-1702　✆ 서초구 서초동 1667-8
성천막국수 ☎ 2212-5529　✆ 동대문구 답십리동 265-1
명동막국수 ☎ 776-3923　✆ 중구 명동 2가 3-11

여름이면 날개 돋치는 **메밀국수**

메밀은 그 빛이 곱고 신령스런 곡식이다. 꽃은 흰색, 잎은 푸른색, 열매는 검은색, 줄기는 붉은색, 뿌리는 황색으로 한눈에 봐도 그 빛깔에 눈이 부신 아름다운 식물. 강원도를 대표할만한 곡식인 메밀은 버릴 것이 하나도 없다는 것도 장점이다. 잎은 나물로 무쳐 먹고, 줄기는 불쏘시개로 쓰고, 껍질은 달갱이라 부르며 베개 속으로 썼으니 말 그대로 다용도 식물이 아닌가. 보통은 골을 켜서 씨를 뿌리지만 메밀은 척박한 땅에서도 잘 자라는 덕분에 돌밭에 훌훌 뿌리기도 했다는데…. 이런 이유로 사람들은 '메밀을 푼다' 라는 표현을 쓴다.

이처럼 쓰임새 많은 메밀은 아시아 지역에서 널리 애용되고 있다. 중국에서는 하루, 러시아에선 가샤, 네팔과 부탄에서는 국수로, 북한에서는 냉면으로, 그리고 남한에서는 메밀국수, 메밀묵 등의 다양한 음식 재료로 이용되는 것. 〈동의보감〉에는 '메밀은 그 성질이 차며 맛은 달고 독이 없다. 장과 위를 튼튼하게 하고 기력을 북돋운다' 라고 기록되어 있다. 그런데 이 신령스러운 곡식으로 만드는 음식은 '모리소바' 라는 이름으로 불리며 오히려 일본에서 더 발전했다. 메밀을 만드는 과정은 까다로운 편. 메밀 향을 살리려면 소량씩 도정해야 하고, 습기가 잘 차는 까닭에 보관하기도 힘들다. 국내는 평창 등지의 '메밀 막국수'나 정선의 '콧등치기 국수' 정도지만, 일본은 국민적인 음식으로 발전시켰고, 지금은 오히려 일본에 가서 메밀을 배워 올 정도이다. 메밀국수를 먹을 때는 무를 빼놓을 수 없는데 무는 메밀 껍질에 있는 독성을 제거해주기 때문이다. 메밀은 인슐린 분비를 촉진시켜 당뇨병의 예방과 치료에도 도움이 되며 혈관의 노화를 막아 주는 항산화 물질인 루틴이 많이 들어 있어 뇌졸중, 동맥경화, 고혈압 등 혈관 질환 예방에도 좋은 것으로 알려져 있다.

미진 ☎ 730-6198 ✆ 종로구 종로1가 24
1954년에 개업한 곳으로 약 14가지의 재료를 섞어 양념장을 만든다. 무, 다시마, 쑥갓, 파, 멸치, 가다랑어 등 여러 재료를 넣고 끓이기를 반복해서 만들어 낸다. 메밀이 여름 한철 음식이라는 편견을 깨는 곳이다.

송옥 ☎ 752-3297 ✆ 중구 남대문로4가 17-40
광화문에서 오미(五味)로 10년 가량 장사를 하다 건물이 헐려 이름을 바꿔 단 곳이다. 장국의 멸치육수는 9~10월 사이 잡히는 여수산 멸치를 쓴다. 흔히 오사리 멸치라고 한다. 메밀과 밀가루의 황금비율인 7:3을 고집한다.

오무라안 ☎ 569-8610 ✆ 강남구 역삼동 829-2
일본인이 운영하는 곳으로 일본식 메밀국수를 판다. 1950년부터 3대를 걸쳐 내려온 집이다. 도쿄의 '니시아자부'에서 시작해 서울까지 가업을 이어왔다. 봉평 메밀만 쓰는데 역시 7:3 비율로 최고의 반죽을 만들어 낸다.

혜교 ☎ 518-9077 ✆ 강남구 신사동 634-5
청수 ☎ 784-1559 ✆ 영등포구 여의도동 53-11
우진 ☎ 733-5737 ✆ 종로구 관수동 4-4
미타니야 ☎ 797-4060 ✆ 용산구 이촌동 301-75 삼익상가 지하 2호
가쓰라 ☎ 779-3690 ✆ 중구 명동2가 87-4 명덕빌딩 1층
유림 ☎ 755-0659 ✆ 중구 서소문동 16
동경 ☎ 548-8384 ✆ 강남구 신사동 616-2

일본은 크게 관동과 관서 지방으로 나뉘는데 관동 지방은 소바로 유명하고 관서 지방은 우동으로 유명하다. 특히 '카가와현'의 '사누키 우동'은 세계적으로도 일본을 대표하는 음식으로 알려져 있다.

가쓰오부시
국물의 유혹 **우동**

우동은 모두가 알고 있다시피 일본에서 발전한 음식으로 중국에 갔던 홍법대사가 약 1,200년 전에 들여온 것으로 전해진다. 우동을 일본식 한자로 쓰면 '온돈(饂飩)'이라고 하는데 여기에서 일본어 '우동(うどん)'이라는 발음이 탄생했다. 한자 그대로 풀이하면 따뜻하게 먹는 국수라는 의미로 에도 시대 이후부터 이렇게 부르기 시작했다. 중국 우동이 해산물을 볶고 끓여 만든다면 일본 우동은 가쓰오부시 국물을 이용한다.

일본은 크게 관동 지방과 관서 지방으로 나뉘는데, 관동 지방은 소바로 유명하고 관서 지방은 우동으로 유명하다. 특히 '카가와현'의 '사누키' 지방에서 만든 '사누키 우동'은 일본을 대표하는 음식으로 유명하다. 카가와현은 일본에서 가장 작은 지역이지만 우동전문점이 무려 900여 개에 달할 정도라고. 이곳의 우동 소비량은 다른 지역의 4~5배에 이르고, 이 지역 사람들에게는 우동배가 따로 있다고 할 정도로 모두들 우동을 좋아한다.

사누키 우동은 면을 삶아 국물 없이 파와 간장만으로 간을 맞춘다. 반죽을 할 때 물을 듬뿍 넣고 오랜 숙성을 거치며 방망이로 치대듯 면발을 만드는 까닭에 부드러우면서도 쫄깃하지만 단무지 같은 곁들이 음식이 전혀 제공되지 않는다.

물론 사누키 우동 이외에도 일본에는 몇몇 가지의 유명한 우동이 있다. 대표적인 일본 우동은 아래와 같다.

사누키 우동 일본 시코쿠섬의 사누키 지방에서 유래한 정통면.
가케 우동 간단하게 말아 먹는 우동. 유부와 어묵, 미역 등의 기본 고명만 올린다.
고모쿠 우동 어묵, 버섯, 양파 등 5가지 푸짐한 재료가 담긴 우동.
안가케 우동 국물에 감자 전분을 넣고 만들어 울면처럼 걸쭉한 우동.

보천 ☎ 795-8730 ✆ 용산구 이촌동 301 현대상가 11-110호
일본인이 많이 모여 사는 이촌동에서 20년 넘게 수타 우동을 전문으로 하고 있다. 규모는 비교적 아담하고 단정하다. 매일 반죽해 나오는 수타면이 부들부들하고 느낌도 좋다. 가쓰오부시 국물이 일본에서 먹는 느낌을 준다.

댕구우동 ☎ 333-9244 ✆ 마포구 동교동 204-1
정통 사누키 우동의 본고장 카가와현 출신의 일본인이 운영한다. 매일매일 전통적인 방식으로 면을 뽑아낸다. 일본 카가와현에서 사누키 우동 인증을 받은 우동집 두 곳 중 하나라고 알려져 있다.

동문 ☎ 798-6895 ✆ 용산구 이촌동 300-10
한국식 우동으로 승부하는 집. 달착지근한 가쓰오부시 국물 대신 멸치국물로 기차역 스낵코너를 연상하게 만든다. 납작한 양은 냄비에 우동이 담겨 나온다.

미타니야 ☎ 797-4060 ✆ 용산구 이촌동 301-75 삼익상가 지하 2호
동경우동 ☎ 2274-3440 ✆ 중구 초동 17-1
쓰쿠시 ☎ 755-1213 ✆ 용산구 남영동 89-7
청수 ☎ 784-1559 ✆ 영등포구 여의도동 53-11
제남 ☎ 3482-8316 ✆ 서초구 서초4동 1200-39
유림 ☎ 755-0659 ✆ 중구 서소문동 16
조금 ☎ 725-8400 ✆ 종로구 관훈동 118-36

라면의 원조 **일본 라멘**

일본의 라멘은 중국에서 전래된 것으로 1800년대 요코하마에 들어온 중국인들에 의해 퍼졌다. 중국인들이 직접 손으로 면을 뽑아 먹었던 '납면(拉麵)'에서 유래되었다. 납면의 중국 발음이 '라미엔'이고 일본에서는 이를 '라멘'으로 불렀다. 납면을 뽑는 방식은 밀가루를 반죽해 두 줄, 네 줄, 여덟 줄, 열여섯 줄 식으로 늘려 빼는 것.

일본의 3대 라멘을 꼽아 보면 남부 지방인 후쿠오카 하카타의 '돈코츠 라멘'과 북부 지방인 홋카이도 삿포로의 '미소 라멘' 그리고 동북 지방인 후쿠시마 기타카타의 '쇼유 라멘'이 있다. 하카타의 돈코츠 라멘은 진한 돼지 뼈 육수가 일품인 규슈 지방의 전통 라멘. 삿포로의 미소 라멘은 된장(미소)을 위주로 하여 닭과 돼지고기를 사용한다. 또한 기타카타의 쇼유(간장) 라멘은 도쿄와 더불어 유명세를 타고 있다. 쇼유 라멘은 닭을 주재료로 하고, 돼지고기와 가다랑어포를 쓴다.

요즘 일본 라멘집들은 전통적인 닭 뼈나 돼지 뼈를 벗어나 다시마, 말린 생선, 닭 껍질, 해산물, 각종 채소 등을 넣어 각자의 개성을 살린 국물 맛을 내고 있다. 일본 라멘의 특징은 면을 뽑아 며칠 동안 냉장고에 숙성시킨다는 것. 숙성된 면은 막 뽑아낸 면보다 끈기와 탄력이 좋고 밀가루 냄새도 줄어든다. 또한 알칼리성 간수로 반죽을 해 면의 색이 노르스름하다. 면 위에 놓인 편육은 '차슈'라고 하는데 굽거나 삶은 돼지고기를 일컫는 말이다.

하카타분코(博多文庫) ☎ 338-5536
📍 마포구 상수동 93-28

하카타의 돈코츠 라멘을 대표하며 얇고 가는 면을 사용한다. 진한 맛의 인라멘과 연한 맛의 청라멘 두 종료만 있다. 마치 일본의 한 라멘집에 들어선 것처럼 활기차고 생동감이 넘친다. 식사시간 때 가면 30분 정도 줄 서는 건 예사이므로 참고할 것!

라멘 81번옥 ☎ 792-2233　📍 용산구 한남동 737-24

라멘 81번옥의 81은 일본으로 국제전화를 걸기 위해 필요한 국가번호 81에서 따왔다. 일본인 사장이 직접 운영하며 쇼유 라멘 4인분인 점보라멘을 20분 안에 국물까지 다 먹으면 라멘 값이 무료다. 물론 못 먹으면 그 값을 다 지불해야 한다.

후루사또 ☎ 771-0147　📍 중구 명동2가 33-5

명동에 온 일본인들도 찾는다는 라멘집이다. 여러 메뉴가 인기를 끌고 있는데 라멘 위에 돈가스를 올린 돈가스라멘부터 여름 별미인 냉라멘까지 비교적 다양하다. 다른 라멘집에 비해 깔끔하고 기름기가 적은 것이 특징이다.

라멘무사시 ☎ 3143-5550　📍 서대문구 창천동 52-83
우마이도 ☎ 467-8788　📍 광진구 화양동 3-29
아지모토 ☎ 313-0817　📍 서대문구 대현동 56-27번지
이찌멘 ☎ 333-9565　📍 서대문구 창천동 72-1
아지겐 ☎ 790-8177
📍 용산구 이촌동 301-7 공무원상가문화당 2층
겐조라멘 ☎ 765-6808　📍 서대문구 창천동 41-14
나고미라멘 ☎ 324-8545　📍 마포구 서교동 355-8

라 면 의 원 조 일 본 라 멘

눈물 나게 맛있는
추억의 **자장면**

외국인 친구에게 한국 음식 중 가장 맛있는 것이 무엇이냐고 물었던 적이 있다. 그때 외국인 친구가 했던 말이 검은색의 면 요리라는 것이었는데 알고 보니 그것이 바로 자장면이었다. 당시에는 '자장면이 한국 음식일까?' 라는 생각도 했지만 한국식 자장면은 한국 음식으로 봐야한다는 생각이 들었다. 이젠 중국에서도 한류의 영향으로 한국식 자장면이 인기라고 할 정도니 말이다. 자장면은 대한제국 말 개항기의 인천에서 먹기 시작한 것으로 본다. 중국 산둥지방 사람들이 먹던 서민 음식이었는데 한국에 노동자로 온 중국인들로 인해 한국에 퍼졌고, 이후 한국식으로 변했다. 하루에 전국에서 700만 그릇이 팔린다는 국민 음식으로 우리가 알고 있는 대표 메뉴는 일반 자장 외에 간자장과 삼선자장 정도가 아닐까? 하지만 자장면은 의외로 종류가 많다. 물과 전분이 들어가는 자장과 달리 간자장은 물과 전분이 들어가지 않아서 춘장 고유의 맛을 느낄 수 있다. '마를 건(乾)' 자를 중국어 발음으로 '깐' 이라고 읽는데 여기서 간자장이 유래한 것으로 본다. 유니 자장은 고기와 양파만 잘게 다져서 넣은 것이고, 유슬 자장은 양파와 쇠고기를 채 썰어 넣은 것. 춘장 대신 두반장으로 맛을 낸 사천 자장, 고기 대신 감자나 고구마를 넣은 옛날 자장, 간이 잘 배도록 자장소스와 면을 함께 볶는 쟁반 자장 등도 인기 메뉴다. 자장면은 어디에서나 먹을 수 있지만 그 맛을 판가름하기는 쉽지 않다. 훌륭한 자장면인지를 알고 싶다면 일단 자장소스와 자장면 그릇이 맞닿는 부분을 살필 것. 이곳에 기름기가 있다면 그 집 자장면은 낙제점이다. 기름기가 아닌 윤기가 흘러야 한다. 그리고 자장면을 비빌 때 면과 자장소스가 잘 섞이고, 숨이 죽지 않아야 한다. 자장면은 특성상 3분 정도 지나면 불기 시작하는데 이 때 식초 몇 방울을 넣어주면 윤기가 흐른다.

안동장 ☎ 2266-3814 ✆ 중구 을지로3가 315-18
1948년에 개업했고, 을지로 대로변에서 5층 전체를 사용하고 있다. 서울에서 가장 오래된 중국음식점으로 화교가 주인이다. 자장이 약간 묽어 잘 비벼지고 양파, 고기 등이 잘게 다져져 있다.

현래장 ☎ 712-0730 ✆ 마포구 마포동 140
기계로 빚는 면발이 아니라 수타 자장면으로 유명하다. 수타 자장면은 수타 과정에서 밀가루 안의 공기층이 사라지면서 소화가 잘 된다. 춘장을 많이 쓰지 않아 담백하면서 짜지 않은 것이 특징이다.

신승관 ☎ 735-9955 ✆ 중구 북창동 73
중국 산둥성에서 온 화교가 1963년 개업한 중국 식당으로 3대째 이어오고 있다. 유서 깊은 피맛골에 있었으나 얼마 전 북창동으로 이전하면서 국립민속박물관에 가게의 유품들을 기증했다.

신성각 ☎ 716-1210 ✆ 마포구 신공덕동 2-463
신신원 ☎ 723-8854 ✆ 종로구 인사동 165-1
복성각 ☎ 364-1522 ✆ 서대문구 창천동 31-8
개화 ☎ 776-0508 ✆ 중구 명동2가 107
만리성 ☎ 747-0957 ✆ 종로구 동숭동 1-88
팔선생 ☎ 548-8845 ✆ 강남구 논현동 101-12
명화원 ☎ 792-2969 ✆ 용산구 한강로1가 14-28

짬뽕은 원래 맑았지만, 한국 사람 특유의
식성에 맞게 고춧가루가 들어가면서
빨간 국물이 탄생한 것은 불과
20~30년 전의 일이라고 전해진다.

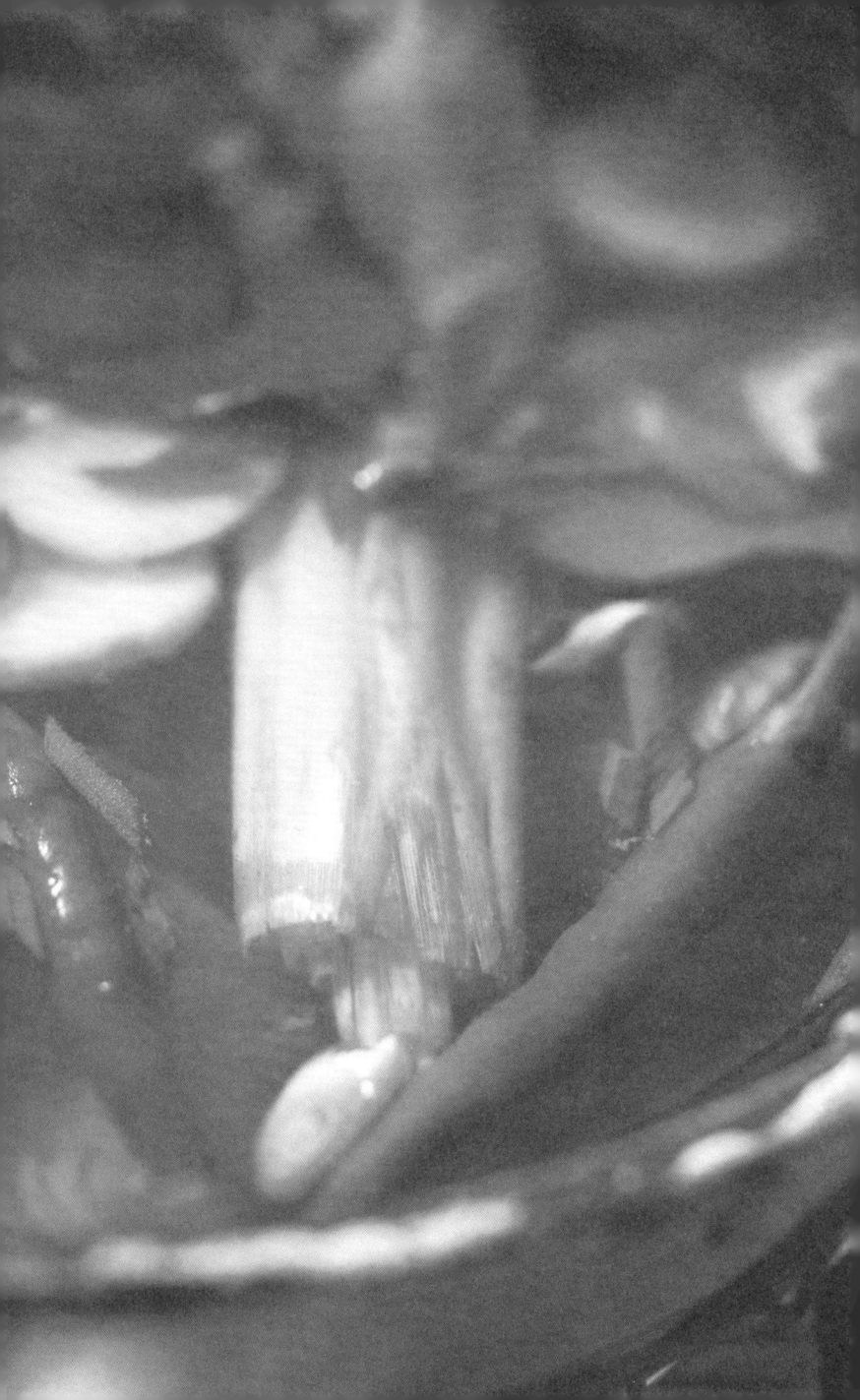

불의 향기가 다르다 **짬뽕**

'짬뽕' 이란 말은 한국뿐만 아니라 대만, 동남아 등지에서도 비슷한 발음으로 쓰이며 '여러 가지를 섞는다' 라는 공통적인 의미를 담고 있다. 짬뽕은 일본어에서 유래된 것으로 아시아 등지에서 쓰이는 말은 모두 일본이 식민지를 두었던 곳과 일치한다.

우리가 먹는 짬뽕의 유래는 일본의 나가사키(長崎)에 거주하던 중국인들이 개발한 것이 인천의 화교들을 통해 들어온 것으로 보고 있으며 중국 본토에는 비슷한 차오마(炒麵)가 있다. 짬뽕은 원래 맑았지만, 한국 사람 특유의 식성에 맞게 고춧가루가 들어가 빨간 국물이 탄생한 것은 불과 20~30년 전 일이다.

중국 음식은 집에서 요리하기가 쉽지 않은데다 이상하게도 제 맛이 나지 않는다. 그 결정적인 이유는 바로 불 때문인데 영업용 불의 온도와 가정용 불의 온도가 확연히 다른 까닭이다. 실제로 미식가들 사이에서는 '불의 향기' 라는 표현을 쓸 정도이다. 불의 향기를 대표적으로 느낄 수 있는 음식이 바로 짬뽕인 셈이다. 그도 그럴 것이 모든 재료들은 타기 직전에 가장 좋은 맛을 내는데 그 결정적 순간을 포착해 육수를 넣고 끓여야만 최고의 짬뽕 맛을 낼 수 있기 때문이다.

명화원 ☎ 792-2969 📍 용산구 한강로1가 14-28
중국 음식 특유의 기름기가 적어 느끼하지 않은 것이 특징이다. 테이블은 많지 않고 점심 시간에는 미리 줄을 서지 않으면 먹기 힘들다. 탕수육도 일품으로 알려져 있고 짬뽕 순례지로 통한다.

야래향 ☎ 752-3991 📍 중구 회현동1가 92-16
사람들을 현혹시키고 모기는 물리친다는 야래향, 그 이름처럼 짬뽕으로 사람들을 불러 모은 곳이다. 회현동에서 장사를 하다 동부이촌동으로 잠시 옮겼으나 다시 회현동으로 컴백해서 마니아들 사이에선 화제가 되었다.

완차이 ☎ 392-7744 📍 서대문구 창천동 5-35
홍콩식 중국음식을 맛볼 수 있는 곳이다. 이곳의 요리는 대부분 맵다. 매운 맛에 약한 이들에게는 땀을 비오듯 흘리게 만든다. 하지만 완차이 굴 짬뽕 때문에 줄을 서는 이들을 보면 도전해보고 싶어진다.

향미 ☎ 773-8835 📍 중구 명동2가 106
중화원 ☎ 353-3379 📍 은평구 불광동 281-128
홍복 ☎ 755-7633 📍 중구 회현동1가 202-5
밍1956 ☎ 774-7255 📍 중구 소공동 24 삼진빌딩 2층
주 ☎ 3482-3374 📍 서초구 방배동 795-5
만리성 ☎ 771-8276 📍 중구 순화동 6-14
매화 ☎ 332-0078 📍 마포구 연남동 227-23

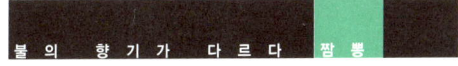

비오는 날 문득 생각나는
칼국수

김치나 파를 듬뿍 넣어 부친 전, 차진 옥수수와 새콤한 막걸리 등 비오는 날이면 유난히 생각나는 음식들이 있다. 이런 음식들엔 과학적 원리도 담겨 있다. 비 내리는 날은 습도가 높은 만큼 기분이 처지게 마련. 해물파전이나 밀가루에 들어 있는 단백질의 주성분 아미노산과 비타민이 감정을 조절하는 성분인 세로토닌을 만들어내고, 비타민B는 탄수화물 대사율을 높여 일시적으로 기분을 상승시키는 효과가 있기 때문이란다. 조선 시대에는 전통 국수 요리만 50여종, 수제비만 해도 15종이 넘었다. 하지만 일제 식민지 시절과 한국전쟁을 거치며 다양한 국수 조리법이 자취를 감추었다. 대신 가장 일반적인 잔치국수와 칼국수만이 그 대를 잇고 있는 셈. 일반적으로 면을 끓는 장국에 넣고 끓이면 '제물 국수'라 하고, 국수를 삶아서 찬물에 넣어 건져 사리로 만든 다음 다시 뜨거운 국물로 덥혀 준 것은 '건진 국수'라고 한다. 얇게 반죽을 밀어 칼로 가늘게 자른 것을 '칼국수'라고 하며 '칼싹두기'라고도 했다. 한상훈 대구민예총 사무처장은 칼국수의 고향은 경상도라고 말한다. "칼국수는 명백한 경상도 음식이다. 칼국수를 포함한 모든 국수가 6세기 경 통일신라 시대에 탄생해 진상품으로 관리되었고 특히 칼국수는 경상도, 충청도 등 남쪽 지방에서 별식으로 취급됐다"는 것이다. 지금도 경상도 지방은 타 지역보다 국수 소비량이 많다. 특히 대구같은 곳은 한국인 평균 2배 정도의 국수 소비량을 보인다.

찬양집 ☎ 743-1384　✆ 종로구 돈의동 27
처음 칼국수 한 그릇 가격이 200원이었을 때부터 시작했다. 사람들이 맛의 비결에 대해 물으면 재료를 아끼지 않는 것이 전부라고만 말한다. 가격에 비해 바지락과 홍합, 마른 새우, 미더덕 등 푸짐한 고명들에, 칼칼하고 시원한 국물 맛이 일품이다.

명동교자 ☎ 776-5348　✆ 중구 명동2가 25-2
처음 문을 연 1966년에는 상호가 명동칼국수였다고 한다. 이후 1978년에 명동교자로 이름을 바꿨다. 16시간 동안 끓인 닭 육수를 기본으로 한 충청도 내륙 스타일의 칼국수이다. 새벽에 만든 면은 오전에, 점심에 만든 면은 오후에 전량 소비해서 늘 신선하다.

앵콜칼국수 ☎ 525-8418　✆ 서초구 서초3동 1451-144
겨울이면 남도 음식점의 별미로 통하는 매생이. 서울에서는 쉽게 먹어 볼 수 없는 매생이 칼국수가 주 메뉴다. 매생이 칼국수는 굴과 조개, 새우 등 해물을 넣고 끓여 해장의 효과도 있고 속이 부드러워져서 속 풀이로도 인기가 많다.

손칼국수 ☎ 764-7947　✆ 종로구 혜화동 74-37
혜성칼국수 ☎ 967-6918　✆ 동대문구 청량리동 152-1
한성칼국수 ☎ 544-0540　✆ 강남구 논현동 62-13
현대칼국수 ☎ 752-9504　✆ 중구 태평로2가 69-3
북촌칼국수 ☎ 739-6339　✆ 종로구 소격동 84
명륜손칼국수 ☎ 742-8662　✆ 종로구 명륜1가 31-23
대련집 ☎ 2265-5349　✆ 종로구 관수동 163

비 오 는 날 문 득 생 각 나 는 칼 국 수

진한 콩국에 얼음과
오이가 동동 **콩국수**

콩이 얼마나 좋은 재료인지는 굳이 설명하지 않아도 알 수 있다. '밭에서 나는 쇠고기'라고도 부를 정도이니 말이다. '클 태(太)'를 '콩 태(太)'로 읽고 있는 것만 봐도 알 수 있다. 콩의 영양이 듬뿍 담긴 콩국수. 여름철에 부족하기 쉬운 단백질을 충분히 보충하면서 시원한 입맛까지 제공해 주는 것이 바로 콩국수이다.

콩국에 담긴 단백질 성분은 쇠고기의 2배 이상이고, 칼슘은 무려 200배가 더 많다. 게다가 콩물은 흡수가 빠르고 식이섬유가 녹아 있어 혈관을 깨끗이 해주는 덕에 변비 예방 효과도 크다고 알려져 있다. 콩뿐만 아니라 국수의 주재료인 밀은 성질이 차면서 열을 내리게 해주는 효과가 있어 콩과 찰떡궁합. 〈동의보감〉에 의하면 흰콩은 '두시'라고 하여 울화증을 가라앉히고 날카로운 신경증과 스트레스 해소에 효과가 있다고 한다.

콩국수는 흔히 서민 음식으로 알려져 있다. 우리나라에서 콩국수를 언제부터 먹기 시작했는지는 확실하지 않지만, 1800년대 말에 나온 〈시의전서(時議全書)〉라는 요리책을 보면 콩국수와 깨국수를 먹었다는 기록이 있다. 콩국수가 주로 서민들이 즐겨 먹던 보양식인 반면, 깨국수는 양반들이 즐겼다고 한다. 1960~1970년대, 혼분식이 장려되던 시절에는 밀가루가 주식으로 대우받았는데 그때야말로 오이채를 고명으로 얹어 여름을 나는 콩국수가 최고의 보양식으로 꼽히곤 했다.

요즘은 집에서도 콩국수를 해 먹는 경우가 있는데 간혹 콩 비린내가 날 수가 있다. 이럴 때는 얼음과 함께 소금을 약간 뿌려 먹으면 좋다. 그리고 면은 소면보다는 굵직한 칼국수 면이 더 잘 어울린다.

진주집 ☎ 780-6108 ✆ 영등포구 여의도동 36-2 여의도백화점 지하 1층
별다른 고명 없이 하얀 콩국과 국수만으로 진한 국물이 특징이다. 고명이 필요 없는 이유는 김치를 먹어보면 안다. 그리고 직접 뽑는 면발도 탄력이 있고 굵기도 제격이다. 서소문의 진주회관과는 형제지간이다.

진주회관 ☎ 753-5388 ✆ 중구 서소문동 120-35
하루 1,000그릇의 콩국수를 파는 집이다. 콩국수를 잘 먹는 방법은 먼저 면을 먹고 난 다음 천천히 콩국을 음미하면서 먹는 것이다. 사리를 추가하면 면이 콩국을 빨아들여 퍽퍽하게 변한다.

제일콩집 ☎ 972-7016 ✆ 노원구 공릉1동 633-18
아내가 부업으로 시작한다며 창업했던 손두부집이 정성과 맛이 알려지면서 인기를 얻었다. 하룻밤 물에 불렸다 매일 아침 전기맷돌에 갈아 직접 두부를 만든다. 4월부터 내는 콩국수도 별미지만 두부전골, 콩탕, 생두부 등 기타 콩 요리도 환상적이다.

맛자랑 ☎ 563-9646 ✆ 강남구 대치동 987-7
삼성국수 ☎ 3442-1957 ✆ 강남구 삼성동 77-20
청수 ☎ 784-1559 ✆ 영등포구 여의도동 53-11
옛집 ☎ 794-8364 ✆ 용산구 한강로1가 231-23
영일분식 ☎ 2636-9817 ✆ 영등포구 문래동4가 8-26
가람국시 ☎ 541-8200 ✆ 강남구 논현동 83-19
자하손만두 ☎ 379-2648 ✆ 종로구 부암동 245-2

우리가 흔히 알고 있는 스파게티는 파스타의 한 종류에 지나지 않는다. 파스타는 그 재료에 따라 약 150여 가지로 분류되고, 형태상으로는 무려 600가지가 넘는다.

세계인의 입맛을
사로잡은 **파스타**

피자와 함께 이탈리아를 대표하는 음식 파스타. 이탈리아에서 먹을 수 있는 파스타의 종류는 무려 300가지가 넘는다고 한다. 모양도 색도 다채로운 파스타는 처음에는 귀족들의 전유물이었지만 이후 산업화와 함께 대량 생산이 가능해지면서 대중의 음식으로 발전했다. 이탈리아로 면이 전래된 것은 1295년경, 마르코 폴로에 의해서라고 한다. 그러나 정작 이탈리아에서는 이런 역사적 배경을 받아들이지 않고, 면을 자체적으로 발명했다고 주장하고 있다.

우리가 흔히 알고 있는 스파게티는 파스타의 한 종류에 지나지 않는다. 파스타는 그 재료에 따라 약 150여 가지로 분류되고, 형태상으로는 무려 600가지가 넘는다. 면의 형태로 크게 나눠 보면 '롱(long) 파스타'와 '쇼트(short) 파스타'를 꼽을 수 있다. 롱 파스타에 속한 것이 바로 스파게티(Spaghetti), 링귀니(Linguine), 페델리니(Fedelini), 카펠리니(Capellini), 탈리아텔레(Tagliatelle), 라자냐(Lasagna) 등. 쇼트 파스타로는 리가토니(Rigatoni), 펜네(Penne), 로텔레(Rotelle), 푸질리(Fusili), 마카로니(Macaroni), 파르팔레(Farfalle) 등을 꼽을 수 있다.

파스타의 주요 생산지는 캄파니아주(州) 나폴리. 1830년경 미국에서 토마토가 수입되면서 더욱 다양한 양념과 조리법이 탄생했다. 파스타가 한국 국수와 조리법에서 확연한 차이를 보이는 것은 면을 삶을 때 소금을 듬뿍 넣어 면에 간을 배게 한다는 것.

해물 파스타를 먹을 때 주의할 점이 있다. 파스타에 보통 파마산 치즈 가루를 뿌려 먹는데 해물이 들어간 경우에는 뿌리지 않는 것이 더 좋다. 강한 치즈 향 때문에 해물 자체의 맛과 향을 제대로 즐기기 어렵다.

그란 구스또 ☎ 556-3960　✆ 강남구 대치동 962-11 엘포트빌딩 1, 2층
그란 구스또란 위대한 맛이란 뜻으로 셰프가 레스토랑 주인을 겸하고 있다. 이곳을 유명하게 만든 두 가지 메뉴가 있는데 생멸치 파스타와 고등어 파스타가 그것이다. 고등어로 만들었지만 비린내가 나지 않는다.

달1887 ☎ 722-5930　✆ 종로구 삼청동 47-2
보통 상호에 쓰이는 숫자는 번지수를 나타내는 경우가 많다. 달1887은 건물이 한옥인데 이 한옥이 1887년에 세워졌다고 해서 붙여진 것이다. 미술 공부를 하던 젊은 셰프가 이탈리아에 갔다가 요리에 빠져 차린 레스토랑이다.

노리타 ☎ 774-1990　✆ 중구 충무로1가 22-5
노리타 비스트로, 노리타 가든, 노리타 까사 등 기본적인 메뉴에 새로운 요리법으로 소박한 이탈리아 음식을 제공한다. 버터를 사용하지 않는 크림 스파게티가 별미다. 대형 와인 셀러도 확보하고 있다.

솔티노스 ☎ 797-0488　✆ 용산구 한남동 736-11
안나비니 ☎ 3444-1275　✆ 강남구 청담동 89-1
일프리모 ☎ 362-1888　✆ 서대문구 창천동 9-22
프리모바치오바치 ☎ 323-0098　✆ 마포구 서교동 346-47 2층
톰볼라 ☎ 593-4660　✆ 서초구 반포동 106-8
올라 ☎ 2090-7220　✆ 영등포구 여의도동 17 아일랜드파크 1층
미피아체 ☎ 516-6317　✆ 강남구 청담동 97-22 삼영빌딩 1층

천의 얼굴을 가진 **한식 국수**

"언제 국수 먹여 줄래?"
우리는 흔히 언제 결혼을 할 것인지를 묻는 말 대신에 이렇게 묻는다. 과거의 결혼식장에서 하객들에게 국수를 냈던 것에서 기인한 말이다. 국수의 원조는 중국으로 기원전 200년 중국에서 밀을 재배하면서 시작되었고, 밀에서 얻은 가루를 '면(緬)'이라 불렀다. 국수가 처음 문헌에 나온 것은 송나라 사신이 쓴 여행기 〈고려도경〉이다. 여기에 고려인들은 제례에 면을 쓰고, 사원에서 면을 만들어 판다고 기록되어 있다. 이를 통해 고려 시대에는 국수가 일상 음식이 아닌 제례나 손님을 위한 귀한 음식이었고, 민간에서는 결혼과 같은 잔치가 있어야만 먹을 수 있는 음식이었다는 것을 알 수 있다.

국물과 고명의 종류에 따라 무한 변신이 가능한 국수는 동서의 문명을 이어주었고, 기원전부터 지금까지 전세계 60억 인구의 식탁에 오르는 매우 특이한 음식이다. 인류가 요리할 수 있는 육류의 수, 거기에 곁들일 채소의 수, 끼얹을 수 있는 소스와 사용 가능한 양념과 향신료의 수를 곱하면 120만 가지의 다른 요리가 나온다고 하니 절로 혀가 내둘러질 정도이다. 모든 식재료를 곧바로 먹는 것만이 최고는 아니라는 사실을 일깨워주는 것도 바로 국수이다. 냉면과 메밀은 바로 뽑은 것이 좋지만, 우동이나 소면 또는 생면은 바로 먹는 것보다 숙성시켜 먹는 것이 맛이 훨씬 좋다.

소호정 ☎ 579-7282 ☞ 서초구 양재2동 392-11
대통령이 그 맛을 잊지 못해 주방장을 아예 청와대로 불렀다는 얘기로 유명하다. 이곳의 국수는 유명한 안동국시를 재현했다. 양지로 육수를 내서 국물 맛이 진하고 구수하다. 반찬으로 나오는 깻잎무침과 기막힌 궁합이다.

우리밀국시 ☎ 745-3764 ☞ 성북구 성북동 124-11
30년 가까이 된 집으로 국수는 안동국시와 비슷하지만 양념이 간결하고 맛이 담백하다. 푹 고은 육수에 국시, 생선전, 감자전, 수육과 문어 그리고 찹쌀동동주 등이 일품이다.

김씨도마 ☎ 738-9288 ☞ 종로구 내수동 74
충청도식 국수라고 해야 할까. 멸치국물의 도마 국수와 닭다리 살로만 국물을 낸 곰국수가 대표 메뉴다. 국수에는 고명으로 다시마, 지단, 쇠고기, 호박, 버섯, 삶은 배춧잎이 올려있다. 도마를 소재로 한 인테리어 등이 돋보인다.

유림 ☎ 755-0659 ☞ 중구 서소문동 16
명동할머니국수 ☎ 778-2705 ☞ 중구 명동1가 42-43
옛집 ☎ 794-8364 ☞ 용산구 한강로1가 231-23
무아국수집 ☎ 927-7050 ☞ 성북구 안암5가 101-15
두레국수 ☎ 3444-1421 ☞ 강남구 신사동 626-79
곰국시집 ☎ 756-3249 ☞ 중구 무교동 12-1
망원동즉석우동 ☎ 336-1330 ☞ 마포구 망원동 478-11
안동 ☎ 3272-6465 ☞ 마포구 공덕동 105-137

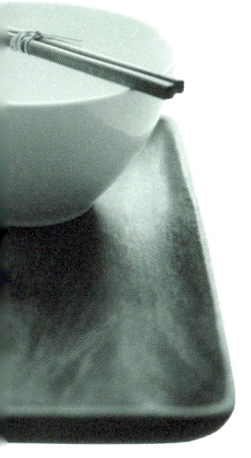

천의 얼굴을 가진 한식 국수

세계 각국 별미의 유혹

※ **메뉴는 가나다순입니다.**

다국적 에스닉 푸드 파키스탄, 터키, 아랍… 세계의 본토 음식 & 똑똑한 채식
아메리칸 스타일 맛과, 멋, 문화까지… 커피와 햄버거의 세계화를 실현한 곳
영국식 테이블 기품 있는 여유까지 함께 옮겨온 브런치 그리고 샌드위치의 맛
이탈리안 푸드 프랑스 요리의 원천! 신선한 재료의 맛을 최대한 살려내는 노하우!
인도 요리 강렬한 향의 악센트 커리와 먹을수록 빠져드는 정통 음식들
일본 요리 초밥, 돈가스, 카이세키 요리, 이자카야 메뉴… 눈과 입으로 함께 먹는다
중국 음식 지역별 정통 음식, 오랑캐에서 유래한 만두 그리고 딤섬… 세계를 평정한 맛
타이 요리 저칼로리, 저콜레스테롤, 저지방에 식이섬유가 풍부한 웰빙 대표 음식
프렌치 푸드 기름지고 푸짐한 메뉴의 위험을 레드 와인으로 해독하는 요리의 비밀

세계 미식 여행
다국적 에스닉 푸드

맛과 문화를 함께
즐기는 **각국의 음식들**

맛있는 음식에는 국적이 없다는 말이 있다. 요즘 뉴욕의 일식 레스토랑에는 한국의 비빔밥과 김치가 제공되고 있다고 한다. 베트남 쌀국수는 베트남이 고향이지만 쌀국수의 세계화에 앞장서고 있는 프랜차이즈 업체는 정작 베트남 회사가 아니다. 우리나라에도 이미 베트남 쌀국수, 태국의 쿵, 인도의 커리 등이 들어와 외식 문화에 새로운 지평을 열고 있다. 물론 태국과 인도의 아시아계 음식 이외에도 우리가 경험해봐야 할 세계의 요리들은 수없이 많다.

이른바 에스닉 푸드(ethnic food)라고 부르는 이국적인 음식들이 다문화의 장을 열고 있는 것이다. 2004년, 국어사전에 처음으로 등장한 '에스닉(ethnic)'의 뜻은 민속적이고 토속적인 양식을 의미하는 말이다. 에스닉 푸드가 하나의 트렌드가 되면서 열풍을 일으키고 있는 것은 해외 여행객과 유학생이 늘면서 현지에서 먹었던 추억을 되살리고, 고유의 맛을 다시 느껴보고 싶어하면서 시작되었다. 그런 소비자들의 욕구를 충족시켜주는 전문 음식점들이 속속 탄생하게 된 것이다. 거기에다 전 세계적으로 천연 향신료를 이용한 음식들이 건강식으로 인식되기 시작한 것도 에스닉 푸드의 인기를 높여주는 한 요소로 작용하고 있다.

최근 이탈리아에서는 해외 음식점들을 규제하는 법안이 통과되었다고 한다. 아랍식 케밥과 인도 커리, 중국 요리 같은 것들이 인기를 끌자 자국의 전통 음식과 농산물을 지킨다는 명목 하에 에스닉 푸드 규제 방침을 정한 것이다. 토스카나의 루카시에서 시작된 이 조례는 다른 시에서도 따라할 조짐을 보이고 있다. 그러나 정작 이탈리아를 대표하는 파스타 재료 중에서 토마토 소스는 남미 산이고, 면은 중국산이 대부분이라 편협한 쇼가 될 뿐이라고 보는 시각도 있다.

우스마니아 ☎ 798-7155　◎ 용산구 이태원동 119-7
1999년 문을 연 파키스탄 음식 전문 식당이다. 통밀 빵과 양고기, 닭고기 위주의 메뉴가 구성되어 있다. 이슬람 전통에 따라 돼지고기와 주류는 취급하지 않는다. 파키스탄 출신 요리사 3명이 100여 가지에 이르는 요리를 직접 만든다.

파샤 ☎ 593-8484　◎ 서초구 서초4동 1317-23
동양과 서양의 식문화가 오묘하게 섞인 터키 요리 전문점. '파샤'는 터키어로 장군을 의미하지만 동시에 터키의 초대 대통령인 케말 파샤의 이름이기도 하다. 오너는 물론 요리사까지 모두 터키인이고, 터키문화원이 추천할 정도로 터키 본연의 맛을 낸다.

알리바바 ☎ 790-7754　◎ 용산구 이태원동 124-9
한국에 몇 안 되는 아랍 음식점. 아랍 음식은 색깔이 화려하고 향기가 풍부하다. 이집트 가정요리를 선보이는 음식점으로 팔라펠과 후무스 등이 인기 메뉴다.

에베레스트 ☎ 766-8850　◎ 종로구 창신동 148-1
산토리니 ☎ 790-3474　◎ 용산구 이태원1동 119-10
사마르칸트 ☎ 2277-4267　◎ 중구 광희동1가 120
동북화과왕 ☎ 745-5168　◎ 종로구 창신동 510
오스테리아마니네 ☎ 3444-2673　◎ 강남구 논현동 94-25
마실 ☎ 552-3339　◎ 강남구 역삼동 642-1
마라케쉬나이트 ☎ 795-9441　◎ 용산구 한남동 736-15

웰빙과 슬로푸드의
대명사 **채식**

에스닉 푸드의 한 축을 이루고 있는 것은 채식이다. 자연주의 혹은 건강상의 이유나 종교적인 이유로 채식을 하는 사람들이 늘어나고 있는 까닭이다. 그러나 우리나라에서는 채식만 전문적으로 취급하는 것이 수월하지 않은 편이다. 이런 이유로 외국에서 온 채식주의자들이 조금 힘들어 하는 것도 사실이다. 한국 음식에 기본적으로 채소가 많이 사용되기는 하지만 채소가 주가 되는 경우는 드물고, 대부분 육류와 함께 제공되기 때문이다.

한국의 채식주의자들은 대부분 '페스카테리언(pescetarian)'이라고 한다. 페스카테리언이란 육류는 먹지 않지만 생선은 먹고, 경우에 따라 유제품과 달걀을 먹는다.

그런데 국제채식연맹(IVU: International Vegetarian Union)에서는 채식을 육지에 있는 두 발과 네 발 달린 동물을 먹지 않는 것은 물론 바다와 강에 사는 어류도 먹지 않는 것이고, 우유와 달걀은 개인적 이유로 먹을 수도 있고, 먹지 않을 수도 있다고 정의한다. 그러므로 한국식 채식주의자들은 진정한 의미의 채식을 실천하지는 못하는 셈이다.

어쨌든 세계 각국의 다양한 음식들을 내 나라에 앉아서 맛볼 수 있다는 것은 기분 좋은 일이다. 미국이나 일본, 중국, 유럽 등 이미 대중화된 음식을 소개하기 전에 보다 희소성이 있는 각국의 에스닉 푸드를 먼저 소개하는 것도 이런 이유에서이다. 익숙하지 않은 음식들을 맛보는 색다른 즐거움! 바로 그 사소한 행복을 더 많은 독자들이 함께 느껴보기를 바라는 마음 때문이다.

SM채식부페 ☎ 576-9637 강남구 개포동 229-10
완전 채식 레스토랑 중 한 곳이다. 30여 가지가 넘는 다양한 채식 메뉴가 준비되어 있고 재료는 식물성 단백질인 콩 등의 육류 대체품들이다. 매주 일요일 오후에는 무료 채식 요리 강좌도 연다.

뉴스타트채식레스토랑 ☎ 565-4324
 강남구 대치동 897-13 남곡빌딩 2층
싱싱한 제철 재료로 만든 요리를 내놓는다. 식재료는 가능한 유기 농산물을 쓰고, 아닌 것들은 참숯가루를 푼 물에 담가 중금속 성분을 걸러낸다. 음식 색깔이 자연색에 가깝고 일반인들도 건강 때문에 많이 찾는다.

오세계향 ☎ 735-7171 종로구 관훈동 59
채식 전문 식당으로 한식, 중식, 양식의 퓨전 요리들이 많다. 대부분의 메뉴가 저렴한 편이다. 베지푸드의 채식불고기, 밀고기 콩가스 등 다양한 채식고기 메뉴도 있다.

채근담 ☎ 555-9173 강남구 대치동 983
적수방 ☎ 2276-0993 중구 장충동2가 188-6 불광산사 지하
풀향기 ☎ 325-3075 서대문구 연희동 190-1
타지 ☎ 533-2693 서초구 서초4동 1316-28 우송빌딩 2층
신동양대반점 ☎ 782-1754 영등포구 여의도동 35-5 여의도종합상가 5층
소심 ☎ 734-4388 종로구 관훈동 144
스티키핑거스베이커리 ☎ 542-9724
 송파구 문정동 150-20 아카데미상가 114호

커피 그리고 햄버거…
아메리칸 스타일

로스팅의 깊이까지 즐기는 **커피**

커피의 어원은 아랍어인 카파(caffa)로서 힘을 뜻하며, 에티오피아에서는 커피나무가 야생하는 곳을 가리키기도 한다. 유럽에서는 처음에 아라비아의 와인이라고 하다가 1650년 무렵부터 커피라고 불렸다. 스웨덴의 박물학자 린네는 커피의 품종을 16가지로 나누었으나, 현재는 크게 '아라비카 종(Coffee Arabica)'과 '로부스타 종(Coffee Robusta)' 및 '라이베리아 종(Coffee Liberia)'의 3대 원종이 있다.

아라비카 종은 맛과 향이 좋아 전체 커피 생산량의 70~80%를 차지하지만 병충해에 약하고 성장 속도가 느리다. 로부스타 종은 낮은 지대에서 잘 자라고 병충해에 강하며 성장 속도도 빠르다. 향이 거칠고 자극적이어서 주로 인스턴트 커피로 이용되며 커피 생산량의 20%를 차지한다. 또 라이베리아 종은 낮은 온도와 병충해에 강하고 주로 배합용으로 쓴다. 커피는 대체로 볶는 로스팅, 커피의 갈린 입자를 나타내는 그라인딩, 추출하는 방법 등에 따라 맛이 달라진다. 로스팅 정도에 따라 보통 라이트, 시나몬, 미디엄, 하이, 시티, 풀시티, 프렌치, 이탈리안 등 8단계로 구분된다. 가장 까만 이탈리안으로 갈수록 신맛보다는 쓴맛이 강해진다. 이탈리안은 에스프레소용으로 가장 강한 단계의 로스팅을 의미한다.

빈스서울 ☎ 706-7022　☞ 마포구 대흥동 50-2
2평 남짓한 소형 매장이다. 로스팅을 전문으로 하고 취급하는 커피 종류만 30여 가지가 넘는다. 일본에서 직접 들여오는 블루마운틴을 최고로 꼽는다. 3가지 종류의 원두를 블렌딩한 특별한 노하우도 만끽할 수 있다.

허형만의압구정커피집 ☎ 511-5078　☞ 강남구 압구정동 426
20년 가까이 커피 회사에 다녔다는 주인장. 아주 진한 커피가 이집의 특징으로 매주 강좌를 열어 일반인들의 커피 이해를 높이고 있다.

전광수커피하우스 ☎ 778-0675　☞ 중구 남산동2가 15-11 이토빌딩 2층
로스팅 교육으로 더욱 유명하다. 미국에 가서 엘살바도르 사람에게 로스팅 교육을 받고 돌아와 그 기술을 보급하고 대중화하기 위해 차린 카페이다.

비미남경 ☎ 365-1401　☞ 서대문구 대현동 56-110
1998년 재일교포가 일본의 커피 장인에게 로스팅을 배워 서울에 차린 집이다. 현재는 원래 사장의 조카가 카페를 운영한다. 특이한 상호 비미남경은 주인장의 자녀 이름에서 따왔다고 한다.

커피미학 ☎ 3444-0770　☞ 강남구 청담2동 96-6
클럽 에스프레소 ☎ 764-8719　☞ 종로구 부암동 257-1
보헤미안 ☎ 927-7949　☞ 성북구 안암동5가 15-85
부에노 ☎ 364-0152　☞ 서대문구 대현동 53-20
가배두림 ☎ 562-8326　☞ 강남구 대치3동 967-14 바로빌딩 1층
시실리 ☎ 591-1929　☞ 서초구 반포동 90-11
주빈커피 ☎ 782-7970　☞ 영등포구 여의도동 36 롯데캐슬 상가 2층
커피방앗간 ☎ 732-7656　☞ 종로구 소격동 109
커피스트 ☎ 773-5555　☞ 종로구 신문로2가 1-335
나무사이로 ☎ 6352-6358　☞ 종로구 내수동 71 경희궁의 아침 2단지
커피친구 ☎ 725-0179　☞ 종로구 수송동 58 두산위브 104호
Bar oioi ☎ 723-1259　☞ 종로구 삼청동 124-2
코니써클럽 ☎ 383-2300　☞ 은평구 갈현동 454-25
달마이어카페 ☎ 522-0069　☞ 서초구 서초3동 1451-38 정주빌딩 1층
김대기의커피볶는집 ☎ 423-2352　☞ 송파구 잠실동 204-9
학림다방 ☎ 742-2877　☞ 종로구 명륜4가 94-2

독일에서 태어나 미국에서 자란 **햄버거**

햄버거와 콜라는 흔히 패스트푸드(fast food) 혹은 정크푸드로 통한다. 그에 대항하여 나온 것이 슬로푸드(slow food) 운동으로 맥도날드가 이탈리아 로마에 진출하자, 맛을 표준화하고 전통음식을 소멸시키는 패스트푸드라며 강한 비판이 이어지면서 슬로푸드에 대한 목소리가 높아지기 시작한 것. 식사와 미각의 즐거움, 전통 음식의 보존 등을 기치로 내건 슬로푸드 운동은 1986년 이탈리아 부라 지방이 그 출발점이다. 보통 햄버거의 원조는 미국이라고 생각하지만 실제로 햄버거는 그 이름처럼 독일 함부르크 태생이다. 15세기 무렵, 간 쇠고기에 양념을 한 스테이크가 함부르크 서민들의 기본 식사였다. 그런데 독일인들이 19세기 후반 무렵, 미국 이민을 시작하면서 미국 전역으로 급격히 퍼지게 된 것. 이후 자동차 보급과 맞물려 햄버거의 패스트푸드화가 진행되었다. 결국 독일에서 태어나 미국에서 대중 음식으로 탈바꿈한 음식이 바로 햄버거인 셈이다.

맥도날드가 한국에 상륙한 것은 1988년. 반면 홍콩은 그보다 20년이나 앞선 1969년에 맥도날드를 맛보기 시작했으니 그것만으로도 한국인들의 보수적인 입맛을 엿볼 수 있다.

2001년에 출판된 저널리스트 에릭 쉴로서(Eric Schlosser)의 저서를 바탕으로 만들어진 영화 〈패스트푸드 네이션(Fast Food Nation: The Dark Side of the All-American Meal)〉은 미국 패스트푸드 문화의 어두운 면을 보여주고 있다. 하지만 햄버거도 제대로 만들어 먹는다면 충분히 웰빙 음식이 될 수 있다. 요즘은 바로 그 수제 햄버거를 전문적으로 선보이는 식당들이 늘어나고 있어 햄버거는 무조건 정크푸드라고 생각하는 인식을 바꿔 놓고 있다.

스모키살룬 ☎ 795-9019 ✎ 용산구 이태원동 123-5
미국인들이 찾아와 먹어도 만족하고 간다는 수제 버거집. 정통 수제 버거의 맛을 내기 위해 미국 각지를 돌아다녔다는 주인장의 말대로 이젠 이태원 명물로 자리 잡았다. 플래터 엑스트라를 시키면 묵직한 감자튀김과 코울슬로가 추가된다.

썬더버거 ☎ 796-7005 ✎ 용산구 이태원2동 527
이곳의 버거는 소스를 사용하지 않는 것이 특징이다. 빵, 채소, 고기 재료 본연의 깔끔한 맛을 느낄 수 있어 마니아층이 두텁다. 미국에서 유명한 '인 앤 아웃 버거'를 벤치마킹했다.

내쉬빌 ☎ 798-1592 ✎ 용산구 이태원동 128-9
정통 미국식 햄버거를 지향한다. 30년이 다 되어가지만 한때는 한국인 손님을 받지 않았다고. 해군 장교였던 미국인 남편과 함께 가게를 차렸다. 정통 미국식이라 한국인 입맛에는 다소 싱겁게 느껴질 수도 있다.

비스트로코너 ☎ 792-9282 ✎ 용산구 이태원동 57-28
쿡앤하임 ☎ 733-1109 ✎ 종로구 삼청동 63-28
오렌지킹 ☎ 749-5515 ✎ 용산구 한남동 657-159
J.C버거 ☎ 797-7738 ✎ 용산구 이태원동 128-15
포크포크 ☎ 517-5868 ✎ 강남구 신사동 556-29
파팔리나 ☎ 548-3181 ✎ 강남구 신사동 535-1 주명빌딩 1층
감싸롱 ☎ 337-9373 ✎ 마포구 서교동 404-14

맛과 멋을 함께 즐기는
영국식 테이블

주말의 여유를 만끽하는
브런치 메뉴

아침 겸 점심식사를 동시에 해결한다는 '아점'이라는 말은 바쁜 현대인들의 생활 패턴을 고스란히 보여주는 말이다. 어찌 보면 '아점'이란 강남이나 이태원에서 유행하는 '브런치'와도 같은 의미로 해석할 수 있는 말. '브런치(brunch)'는 'breakfast'와 'lunch'의 합성어로 미국에서 만든 말이다.

브런치를 하나의 문화처럼 유행시키는 데 큰 역할을 한 것은 미국의 드라마 '섹스앤더시티(Sex & the City)'라고 해도 과언이 아니다. 세련된 카페에 함께 모여 수다를 떨면서 브런치를 즐기는 여주인공들의 모습이 수시로 등장하면서 젊은 여성들 사이에서 브런치를 즐기기에 좋은 공간 탐험이 시작되었다는 것.

이렇게 말하면 브런치가 미국 태생의 음식 문화인 것처럼 여겨질 수도 있지만, 브런치 문화의 본 고장은 영국이다. 아침과 점심식사 사이에 갓 구워낸 쿠키와 홍차를 즐기며 여유로운 한때를 만끽하는 영국인들의 모습을 영화나 문학 작품 등을 통해서 종종 만날 수 있으니까. 미국은 영국의 브런치 문화를 급속히 확산시킨 곳이라고 칭하는 것이 좋을 듯하다.

미국 이민 1세대들인 영국인, 프랑스인, 독일인, 스페인인 등이 미국

각지에 정착하면서 영국식 문화에 어울리는 음식을 접목시켜 '미국식 브런치 문화'를 만든 셈이다.

브런치 문화는 주5일제가 확산되면서 계속 인기를 끌 전망이다. 국내에서는 이태원, 신사동, 청담동, 서래마을을 위주로 브런치 카페와 레스토랑들이 성업 중에 있다.

더플라잉팬블루 ☎ 793-5285 용산구 이태원동 123-7
요리에 쓰인 팬이 날아다닌다는 재미난 발상의 간판을 달고 아기자기한 소품과 가구들로 인기를 얻고 있다. 3자매가 함께 운영하는데 호주식 브런치를 선보이는 곳이다.

수지스 ☎ 797-3698 용산구 이태원동 34-16
미국식 홈 메이드 레스토랑인 이곳은 정통 뉴욕 스타일의 브런치를 표방하고 있다. 양도 푸짐하고 한국인 입맛에 맞게 잘 변형했다. 이곳의 피시 앤 칩스는 영국 본토의 맛과 흡사하다는 평이다.

카페74 ☎ 542-7412 강남구 청담동 83-20
청담동의 화려함과 멋진 테라스가 돋보이는 곳. 이곳의 인기 메뉴는 크리스피 벨기안 와플로 젊은 여성들의 사랑을 독차지하고 있다. 와플에 요구르트 아이스크림과 생크림을 발라 먹으면 환상의 궁합이다.

스토브 ☎ 3476-7596 서초구 반포동 88-1
세시셀라 ☎ 591-3388 서초구 방배동 797-7 예강빌딩 1층
블루밍가든 ☎ 543-9884 강남구 신사동 536-8 우림빌딩 2층
워커힐호텔 더뷰 ☎ 450-4467 광진구 광장동 산21
봉에보 ☎ 3785-3330 용산구 한남2동 686-1
올데이브런치 ☎ 517-0775 강남구 신사동 639-7 태멘빌딩 2층
알로페이퍼가든 ☎ 541-6933 강남구 신사동520-9

끼워 먹는 즐거움
샌드위치

라브네 크림 치즈 140kg, 빵 3천5백 조각, 올리브 2만1천개, 토마토 등 채소 280kg… 이렇게 어마어마한 재료가 사용된 길이 720m의 샌드위치가 세계에서 가장 긴 샌드위치로 기네스북에 올랐다. 레바논의 한 마을 주민들이 이 샌드위치를 만들었고, 시민 7백 명 이상이 참여했다. 그리고 곧 1만4천260 조각으로 잘려져 사람들의 뱃속으로 들어갔다.

샌드위치는 영국의 J.M. 샌드위치 백작의 이름을 따서 만든 것이다. 그는 식사 시간을 잊을 만큼 지독한 카드 광으로 유명했는데 식사 시간에 칼질하고 포크질하는 게 불편하다고 해서 만들어진 음식이라고 한다.

물론 이전에도 빵에 어떤 음식들을 넣어 먹기는 했지만 이처럼 구체적인 스토리텔링이 부족했다. 이후 샌드위치는 그의 의도대로 현대인들에게 시간을 아껴주고 불필요한 격식을 제거해주는 훌륭한 음식이 되었다. 게다가 패스트푸드의 대명사인 햄버거가 각종 성인병과 비만의 주범으로 떠오르면서 반대급부로 샌드위치에 대한 관심이 커지기 시작한 셈이다.

샌드위치는 형태상 크게 '클로즈드 샌드위치'와 '오픈 샌드위치'로 구별한다. 클로즈드 샌드위치는 두 쪽의 빵 사이에 속을 끼우는 것으로 빵의 가장자리를 잘라내기도 하고, 그냥 두기도 한다. 오픈 샌드위치는 한쪽의 빵 위에 육류와 채소를 조화있게 놓아서 먹는 것으로 흔히 '카나페(canapé)'라 한다.

부첼라 ☎ 517-7339 📍 강남구 신사동 534-22 상원빌딩 1층
남에게 베풀기 위한 소박한 빵이라는 뜻의 부첼라. 유럽식 샌드위치 스타일로 셰프와 제빵 전문가, 디저트를 만드는 파티시에, 로스팅하는 바리스타가 하나의 팀을 이뤄 서비스를 제공한다.

아티제 ☎ 3498-0010 📍 강남구 도곡동 467-29
신라호텔 자회사 체인 카페 중 1호점. 유러피언 라이프스타일 카페로 '아티제(Artisée)'는 '장인'을 뜻하는 프랑스어 'Artisan'에서 따왔다. 샌드위치 이외에도 달콤한 음식들이 즐비하다.

더바도포 ☎ 583-5831 📍 서초구 서초3동 1475-5
예술의 전당 앞에 고즈넉한 분위기로 유명한 카페. '도포'는 '애프터'를 뜻하는 이탈리아어로 광화문 'The Bar' 이후에 생겼다는 의미와 예술의 전당에서 공연 후 담소를 즐기라는 의미로 지었다고. 매일 다른 종류의 샌드위치가 두세 가지씩 나온다.

위치스테이블 ☎ 723-2727 📍 종로구 내수동 72 경희궁의 아침 3단지
라노떼 ☎ 514-5007 📍 강남구 신사동 652-1 Jello빌딩 1층
퍼핀카페 ☎ 790-6062 📍 용산구 한남동 273-3
제니스브래드 ☎ 3789-7817 📍 마포구 창전동 6-153
라보카 ☎ 790-5907 📍 용산구 한남동 737-37
카페 T8 ☎ 794-7850 📍 용산구 이태원2동 557
셰프마일리 ☎ 797-3820 📍 용산구 이태원동 128-15

프랑스 요리의 원천
이탈리안 푸드

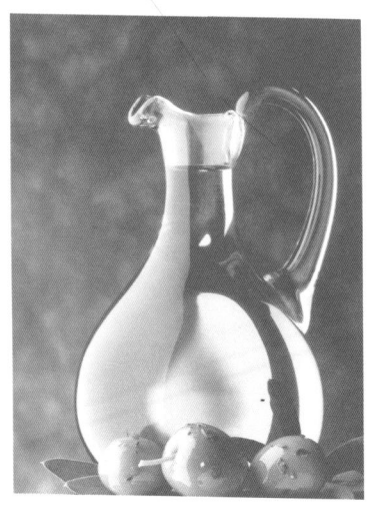
한국인들에게 가장 잘 맞는 유럽 음식을 꼽으라면 주저 없이 이탈리아 음식을 들 수 있다. 보통 서양 요리하면 프랑스를 떠올리지만 실제로 프랑스 요리의 원천은 이탈리아다. 르네상스 시대에 이탈리아 메디치 가문의 카테리나 공주가 프랑스로 시집을 가면서 데려간 요리사들이 프랑스에 다양한 요리를 전파시켰다.

하지만 이탈리아 음식과 프랑스 음식은 조리법에서부터 확연한 차이를 보인다. 버터와 크림이 많이 들어간 프랑스 음식은 시간을 많이 들여서 조금 번거롭게 만들어야 하는 것들이 많은 편. 반면 이탈리아 음식은 후추와 소금 간만으로 신선한 재료의 맛을 최대한 살려 간단하고 빠르게 조리하는 것이 특징이다.

이탈리아는 북부와 남부 음식의 특징이 조금 다르다. 북부는 소스나 향신료를 최소화하고 재료 자체의 맛을 살리는 것이 특징. 남부는 토마토가 풍부해 토마토 소스를 많이 사용하며, 얇은 피자와 다양한 조리법의 수제 파스타가 세계적으로 유명하다. 전반적으로 이탈리아 요리는 재료 자체의 궁극적인 맛을 해치지 않으면서 소박하고 깊은 맛이 일품이다.

해외 여행이 보편화된 요즘, 실제로 이탈리아 식당에 갈 기회가 있다면 몇 가지 주의할 점이 있다. 이탈리아 식당에 들어서면 빈자리가 있어도 직원의 안내를 기다려야 한다는 것. 주문할 때는 소리를 내어 부르지 않고, 눈을 마주쳐 자연스럽게 부른다. 그리고 식사 시간은 보통 2~3시간 정도로 넉넉하게 잡기 때문에 서두르거나 재촉하지 않도록 한다.

그란구스또 ☎ 556-3960 ✆ 강남구 대치동 962-11 엘포트빌딩 1, 2층
그란 구스또는 '위대한 맛'이라는 뜻. 그날그날 신선한 재료를 엄선해 매일 다른 메뉴를 선보이고 있다. 이집을 유명하게 만든 고등어 파스타는 비린내를 없앤 창작 요리의 진수다. 디저트 역시 푸드 아트로 통한다.

리스토란테에오 ☎ 3445-1926 ✆ 강남구 청담동 99-11
국내 최초의 부티크 레스토랑으로 불린다. 오너이자 셰프인 주인장은 신라호텔에서 근무하다 이탈리아로 건너가 유명 레스토랑을 거쳐 포시즌호텔의 부주방장까지 거쳤다. 테이블은 많지 않지만 그것이 오히려 고객들에게 깊은 맛과 서비스를 제공하게 만든다.

솔티노스 ☎ 797-0488 ✆ 용산구 한남동 736-11
오너 겸 셰프가 롯데호텔 이탈리안 레스토랑에서 주방장을 지냈다. 크림 소스와 토마토 소스를 결합한 셰프 특선 스파게티가 인기다. 크림의 느끼함을 줄이고 담백한 맛을 낸다. 한국인이 소화하기에는 다소 짠맛이 난다. 미리 주문 전에 말해두면 좋다.

보나세라 ☎ 543-6668 ✆ 강남구 신사동 650-1
노리타 ☎ 774-1990 ✆ 중구 충무로1가 22-5
모인 ☎ 3445-8867 ✆ 강남구 청담동 22-16
일프리모 ☎ 362-1888 ✆ 서대문구 창천동 9-22
부엌과서재사이 ☎ 593-2735 ✆ 서초구 서초동 1685-3
비꼴로 ☎ 756-0908 ✆ 중구 명동2가 2-6 2층
달1887 ☎ 722-5930 ✆ 종로구 삼청동 47-2

향신료의 천국
인도 요리

강렬한 향의 악센트
커리

인도 국영항공사인 에어 인디아 항공기가 화재 경보 때문에 회항하는 소동이 벌어진 적이 있다. 화물칸을 뒤졌지만 화재의 흔적은 발견되지 않았고, 매캐한 커리 향기만 가득했다고 한다. 결국 화재경보기의 오작동으로 판명난 이 사건을 통해 커리가 얼마나 매웠으면 화재경보기가 오작동을 일으켰을까, 하는 후일담이 떠돌기도 했었다.

커리의 본국이라 할 만한 인도. 그런데 정작 인도에는 커리라는 음식은 없다. 우리가 커리라고 부르는 것은 인도에서는 '마살라'로 통칭한다. 인도 남부의 타밀어로 커리는 '음식의 건더기'를 뜻하는 말. 커리라는 말이 생겨난 것은 포르투갈 사람이 인도인에게 걸쭉한 것이 무엇이냐고 묻다가 와전된 것이라고 한다.

현재 커리는 크게 인도식과 일본식으로 나뉜다. 인도식 커리는 향신료의 맛이 강해서 처음 먹는 사람들에겐 다소 부담스러울 수 있다. 그에 반해 일본식 커리는 같은 동양인 입맛에 맞춘 것이라 비교적 우리 입맛에도 잘 맞는 편이다.

여기서 잠깐 여담 하나! 커리를 먹을 때면 한국인과 일본인의 성향이 극명하게 구분된다. 예전에 팥빙수를 마구 섞어 먹는 한국 남자친구를 두었다는 어느 일본 여성은 그러한 모습에 기겁을 하고, 결혼을 포기

하려고 마음먹었다고 한다. 왜냐하면 일본은 음식을 먹을 때 비비고 섞는 것을 선호하지 않는 까닭이다. 반면 한국은 여지만 있으면 모든 걸 섞어 비비는 경향이 있다. 커리를 맛있게 먹기 위해서는 한국식보다 일본식 습관을 따르는 것이 좋을 듯. 커리와 밥을 바로 섞어 비비는 것보다 커리와 밥을 따로따로 둔 채 조금씩 얹어 먹는 것이 좋다. 밥에서 나온 수분이 커리의 맛을 희석시키기 때문이다.

카리카리 ☎ 313-5951 ✆ 서대문구 대현동 56-63
재일교포 2세인 사장이 운영하는 일본식 커리 전문점이다. 인도 정통 커리와는 조금 다른 맛을 느낄 수 있는 이곳은 일본에서도 유명한 커리 전문점 '마메조'에서 파생된 곳이다. 지금도 커리를 비롯한 주요 향신료 등은 일본에서 그대로 가져다 쓴다고.

페르시안궁전 ☎ 763-6050 ✆ 종로구 명륜2가 121-1
한국에서 공부하던 이란 유학생이 이란 커리에 한국 맛을 절묘하게 배합해 만들었다. 매운 정도를 선택할 수 있는데 2단계부터 10단계까지 있다. 5단계 이상 주문하려면 특별히 주방장과 상의를 해야 한다. 후식으론 달착지근한 골랍을 먹어보는 것도 좋다.

월드원카레 ☎ 754-1152 ✆ 중구 명동2가 3-12
이곳의 커리는 일본식과 인도식을 적절히 혼합한 형태로 알려져 있다. 한국인 입맛에 맞춰 약 10여 종의 다양한 커리만을 판다.

탄 ☎ 508-6660 ✆ 강남구 역삼1동 817-16
타지 ☎ 776-0677 ✆ 중구 명동1가 1-3 YWCA빌딩 10층
코코이찌방 ☎ 2051-5510 ✆ 강남구 역삼동 619-4
델리 ☎ 545-7545 ✆ 강남구 신사동 640-2 로빈 명품관 2층
커리포트 ☎ 332-0781 ✆ 마포구 서교동 345-27
인도이웃 ☎ 742-9757 ✆ 종로구 명륜4가 166-1
자연의속삭임 ☎ 338-8340 ✆ 마포구 서교동 486

먹을수록 점점 더 빠져드는
인도 정통 음식

인도를 여행하는 사람들은 공항에 내리자마자 인도만의 독특한 냄새에 빠져든다. 그것은 바로 인도의 향신료 때문이다. 그 독특한 향은 향신료의 휘발성 기름인 정유에서 비롯된다. 마늘에 알리신이 있고, 고추에는 캡사이신이 있듯이 정유에서 추출한 향신료는 식욕을 돋우고, 고기의 누린내를 제거하는 효능이 있다.

인도 요리의 특징은 이렇듯 다양한 향신료와 양념을 사용함으로써 식욕을 높이고, 소화를 도우며 다량의 비타민을 함유한다는 것. 이렇게 만들어지는 인도의 음식은 신분과 종교에 따라 달라서 대략 3천 가지가 넘는다.

우리 음식에서 고추를 빼놓을 수 없듯이 인도의 음식에서는 '마살라'를 빼놓을 수 없다. 마살라는 식물의 잎과 열매, 씨앗 등을 혼용해 만든 향신료로 음식뿐만 아니라 과자에도 넣어서 즐기고 있다. 마살라는 한데 어우러진다는 의미로 문화와 결합해 마살라 영화, 마살라 음악이라는 용어까지 탄생시켰다.

인도 레스토랑에 가면 '탄두리 치킨'을 쉽게 접할 수 있는데 '탄두리'란 항아리 모양을 닮은 화덕이다. 인도 특유의 요구르트를 섞은 소스에 재운 후 탄두리라는 화덕에서 구운 탄두리 치킨과 밀가루를 반죽해 얇게 밀어 구운 차바티가 한국인들에게 인기 메뉴다. 화덕에 숯이나 나무로 불을 지펴 음식을 구워내서 기름기가 빠지고 담백해지는 경향이 있다. 향신료로 간을 한 감자를 으깨 만두피로 만들고, 닭고기를 이용해 속을 채운 후 튀긴 요리인 사모사도 에피타이저로 인기를 끌고 있다.

인디아게이트 ☎ 511-1138 ☞ 강남구 신사동 647-24
인도인 주방장이 요리하는 인도 정통 음식점이다. 이곳의 대표 요리는 탄두리 치킨으로 숯불로 구운 일종의 바비큐 치킨이다. 10여 종의 탄두리 치킨과 30여종에 이르는 커리가 입맛을 사로잡고 있다.

아쇼카 ☎ 792-0117 ☞ 용산구 이태원동 119-25 해밀톤호텔 3층
인도 출신 요리사에 인도에서 공수해온 인테리어로 인도의 분위기를 만끽할 수 있다. 양고기 요리부터 채식주의자를 위한 다양한 메뉴가 있다. 점심과 저녁 시간대에 뷔페로 운영하기도 한다.

달 ☎ 736-4627 ☞ 종로구 소격동 144-2 아트선재센터 1층
매일유업에서 운영하며 인도 정통의 맛을 살리기 위해 인도 현지 요리사가 요리한다. 약 15종의 커리와 8종의 탄두리, 다양한 난 그리고 라씨 음료 등이 있다.

산띠 ☎ 6052-3989 ☞ 마포구 서교동 347-18
바바인디아 ☎ 521-4588
☞ 서초구 서초2동 1328-11 대우도씨에빛2차 201호
디와니암 ☎ 326-0009 ☞ 마포구 서교동 409-12
강가 ☎ 3444-3610 ☞ 강남구 신사동 610-5 구정빌딩 2층
뿌자 ☎ 744-2199 ☞ 종로구 창신동 207
두르가 ☎ 733-4786 ☞ 종로구 종로1가 42
아그라 ☎ 797-7262 ☞ 용산구 이태원동 172-2 덕흥빌딩 B1

보는 즐거움과 먹는
기쁨을 동시에!
일본 요리

일본 음식의 대표주자
초밥

요즘 식당 간판을 보면 '수사(壽司)'라는 한자를 자주 볼 수 있다. '스시'를 한자어로 '수사'라 부르는 것. 그러나 본래 스시의 어원은 '스시(酸し)'이다. 밥과 생선, 식초를 조화롭게 섞어 맛을 낸다고 해서 붙여진 이름이다. 스시의 종류는 도쿄 지방의 '니기리 스시(주먹초밥)'와 오사카 등 간사이 지방의 '하코 스시(상자초밥)' 그리고 밥 위에 회를 올린 '지라시 스시', 김밥처럼 생긴 '마키 스시' 등으로 나눈다.

스시는 에도 시대(1603~1867년)에 금방 상하기 쉬운 생선을 먹기 위한 방법의 하나로 서민들이 노점에서 삭힌 생선을 먹던 것이 발전한 것. 그러나 지금처럼 스시가 대중적으로 발전할 수 있었던 건 식초 양조 기술의 발전과 신선한 어패류의 수송 시스템이 정비된 1970년대 이후다. 스시를 미국에 대중화시킨 인물은 일명 노부로 통하는 '노부유키 마쓰히사'다. 그는 초밥집에서 일을 하다 남미 여러 곳을 떠돌다 미국 LA에 정착해서 초밥집을 내고 대박을 터뜨린다. 이후 로버트 드 니로를 비롯해 레오나르도 디카프리오, 마돈나 등을 주요 고객으로 확보하면서 미국 전역에 스시 붐을 일으켰다.

스시에도 에티켓이 있다. 바가 설치된 스시 전문점인 경우 자리를 안내받아야 한다. 스시 다이에 앉는 것은 단골이나 대화를 즐기는 사람들의 몫이다. 그리고 스시를 먹을 때 밥은 절대 간장에 적시지 말고 회의 가장자리 부분에 살짝 간장을 묻혀서 먹는다. 마끼 스시를 먹을 때는 초생강을 간장에 살짝 찍어서 먹는다. 또한 가능하면 젓가락보다 손을 이용해 먹는 것이 좋다. 스시의 밥은 사람의 체온과 비슷할 때 가장 좋은 맛을 내기 때문이다.

스시효 ☎ 545-0023 ✆ 강남구 청담동 21-16
신라호텔 출신의 스시 달인 안효주 사장이 운영하는 곳. 장인 정신에 입각해 모든 재료에 정성을 쏟고 스시에 모든 역량을 집중하고 있다. 일본에서 배운 기술에 자신만의 새로운 창작 요리를 선보여 좋은 평가를 받고 있다.

스시조 ☎ 317-0373 ✆ 중구 소공동 87 웨스틴 조선호텔 20층
지하에서 20층으로 옮겨 경관이 좋아졌다. 미슐랭가이드 별 하나를 얻은 도쿄의 초밥 전문점 '스시 큐베이'의 기술을 들여왔다. 또한 스시 큐베이에서 쓰는 생선을 그대로 공수해 온다. 350년 된 노송나무를 15년간 자연 건조한 8m 규모의 스시 다이가 압권이다.

기꾸 ☎ 794-8584
✆ 용산구 이촌동 301-162 현대아파트상가 31-110호
보통 밥과 회의 비율은 5 : 5지만 이곳은 한국 스타일로 회를 길게 내준다. 회는 숙성이 잘 되어 있고, 밥과 조화가 잘 된다. 차가워진 입안을 따뜻하게 덥히는 장국은 게와 조개로 개운한 맛이다. 자리가 많지 않아 예약은 필수다.

무라타 ☎ 3445-7767 ✆ 강남구 청담동 83-21 힐사이드 빌딩 2층
모모야마 ☎ 317-7031 ✆ 중구 소공동 1 롯데호텔 38층
은행골 ☎ 859-4988 ✆ 관악구 신림8동 1654-27
한강초밥 ☎ 794-3842 ✆ 용산구 이촌1동 300-27 한강맨션 지하 1층
남가스시 ☎ 554-2660 ✆ 강남구 대치3동 944-23
스시겐 ☎ 320-5511 ✆ 서대문구 창천동 515-1 린나이빌딩 B1
야마모토스시 ☎ 548-2031 ✆ 강남구 청담동 93-12 오원빌딩 1층

고기 못 먹던
일본인들의 발상 **돈가스**

일본의 수험생들이 시험 때가 되면 즐겨먹는 음식이 있다. 바로 돈가스인데 돈가스의 '가쓰(勝)'가 '승리'를 의미하는 말이기 때문에 상징적으로 먹는다고 한다. 일본인들이 1,200년 동안이나 고기를 먹지 않았다면 믿을 수 있을까? 일본 역사를 보면 675년 덴무 천황이 육식금지령을 내린 후 1872년에 육식금지령이 해제될 때까지 고기를 먹지 않았다고 전해진다. 그 밑바탕에는 불교의 융성과 더불어 도래한 세력을 음식 측면에서 견제하기 위한 정책이 있었다고 한다.

그 후 메이지 유신이 있고, 서양 문물을 받아들이면서 천황이 먼저 육식 시범을 보였다. 그러나 육식에 대한 거부감이 있던 서민들은 쉽게 동화되지 못했고, 육식에 일본식 요리법이 가미되면서 서양 요리의 일본화가 진행되었다. 그래서 메이지 유신을 '요리 유신'이라고 부르기도 한다. 일본의 서민들이 자유롭게 육식을 먹은 것은 불과 100년에 불과하다니 조금 놀라운 일이다.

일본을 모방의 천재라고 하는 데는 그 저변에 깔린 외래 문화의 일본식 수용이 자리잡고 있다. 우리가 먹는 일본식 돈가스는 서양의 튀김 요리인 커틀릿(Cutlet)이 그 원조. 처음에는 '포크 가스레스'로 불렸고, 이후 가늘게 채를 썬 양배추와 간장 소스가 결합되면서 돈가스로 발전했다.

돈가스는 밀가루, 달걀, 빵가루로 이뤄져 고기가 직접 혀에 닿지 않았고, 세 겹의 튀김옷이 기름과 고기를 격리시켜 육즙이 유출되는 것을 막아 육질이 한층 부드럽다. 그리고 빵가루에 스민 기름이 풍미를 더해 사각사각 씹히는 맛이 일품. 이후 돈가스는 발상지인 '우에노'와 '아사쿠사'를 통해 전국으로 급속하게 확산되기 시작했다고 한다.

명동돈까스 ☎ 771-9292　📍 중구 명동1가 59-7
1983년, 일본의 유명한 '돈끼돈가스'에서 사사하여 창업했다. 이후 소스를 한국인 입맛에 맞게 개량했다. 하루 두 번 기름을 바꿔주고 고품질 서비스를 위해 아르바이트생을 쓰지 않는다. 돈가스에 나오는 채소는 냉장실에 일정 시간 저장한 뒤 잘게 썰어 내놓는다.

가츠라 ☎ 779-3690　📍 중구 명동2가 87-4 명덕빌딩 1층
'가츠라'는 일본 교토의 수제 돈가스와 라멘 명가인 '가츠라'의 콘셉트와 운영 노하우를 그대로 따르고 있다. 주재료도 전량 일본에서 직수입한다. 일본 음식의 깊고 담백한 맛은 보존하면서 여기에 한국인 입맛에 맞도록 맛을 한 단계 업그레이드했다.

신돈갓 🌐 www.Shindongod.com　📍 서대문구 창천동 4-103
주인장이 개발한 독특한 돈가스류를 판매하는데 허브와 양파 등의 재료로 만든 녹색의 향기로운 소스가 고기 사이에 배어 있어서 매우 특이한 맛이 난다. 필히 인터넷으로 예약을 해야 한다.

미타니야 ☎ 797-4060　📍 용산구 이촌동 301-75 삼익상가 지하 2호
진까스 ☎ 777-0741　📍 중구 명동2가 94-1
명동왕돈까스 ☎ 333-7902　📍 마포구 서교동 394-22
한성돈까스 ☎ 540-7054　📍 서초구 잠원동 21-5
허수아비 ☎ 582-1187　📍 서초구 서초동 1451-52
이끼 ☎ 337-1089　📍 서대문구 창천동 52-112
6펜스 ☎ 392-5345　📍 서대문구 창천동 4-77

일본 요리의 상징
카이세키 요리

일본이 일식당 인증제를 도입하는 정책을 수립하려고 한다. 정작 외국에 있는 일식당의 대다수가 일본인이 아닌 다른 나라 사람들이 운영하고 있기 때문인데 단적으로 한국인이 일식당 주인의 대다수를 차지한다고 한다. 러시아에서도 초밥집이나 일식당의 60% 이상이 고려인이라는 통계도 있다. 이렇다 보니 일본 정부가 일본답지 않은 일본 식당에 대한 철퇴를 내리기 위해 고육지책으로 식당 인증제를 도입중이라는 것이다. 그러나 반대의 의견도 만만치 않아 아직 실행 여부는 미지수이다.

흔히들 일본 요리를 놓고, 보는 아름다움과 후각을 통한 만족 그리고 혀끝으로 느끼는 즐거움의 '삼미(三美)'를 추구한다고 평한다. 일본 요리를 상징하는 카이세키 요리에는 두 가지가 있다. 하나는 하루에 두 끼의 식사만 하면서 옛 일본 불교 선종의 율법을 따르던 이들이 허기를 달래기 위해 따뜻한 돌을 품어 배고픔을 참았다는 데서 유래한 '카이세키(懷石)'가 그것이다. 다른 하나는 복잡한 일본 전통 의례 요리를 간소화한 코스 요리를 '카이세키(會席)'라고 부르는 데서 비롯되었다. 일식집의 코스 요리나 뉴욕에서 유행하는 오마카세 코스(그날그날 주방장이 추천하는 요리) 역시 약식 카이세키라고 부르기도 한다.

일본에서 카이세키 요리가 유명한 지역은 교토다. 일본인들은 교토의 요정에서 내놓는 카이세키 요리를 최고로 꼽는데 일반인들의 경우, 료칸 등에서 낮에 온천을 즐기고 밤에 카이세키 요리를 맛볼 수 있다. 그만큼 고급 음식으로 대접받고 있는 것이 바로 카이세키 요리들이다.

모모야마 ☎ 317-7031 ☞ 중구 소공동 1 롯데호텔
38층에 위치해 서울 시내 야경을 조망하며 먹을 수 있는 장점이 있다. 도쿄의 초밥전문점 '긴자 스시코'와 카이세키 요리집 '쓰키지 다무라'에서 조리 기술을 전수받은 7명의 조리사가 주축이다. 음식이 나올 때마다 세심하게 설명을 곁들여 준다.

아리아께 ☎ 2230-3356 ☞ 중구 장충동2가 신라호텔 2층
도쿄 긴자에 있는 스시전문점 '기요타 스시'에서 영입한 모리타 마쓰미 주방장이 진두지휘한다. 식재료는 우리나라를 비롯해 일본 아오모리와 홋카이도에서도 주 2회 공수한다. 전반적으로 깔끔하고 정갈한 음식 맛을 낸다.

이끼이끼 ☎ 3783-0002 ☞ 중구 태평로1가 84 파이넨스센터 B2
'이끼이끼'란 우리말로 '싱싱한'이라는 의미이다. 일품부터 코스 요리까지 다양하고 특급호텔 출신의 요리사가 정통 일식을 선보인다. 정갈하면서도 화려한 장식이 이 집의 특징이다.

하나조노 ☎ 3451-8276 ☞ 강남구 역삼동 602 리츠칼튼서울 3층
만요 ☎ 3440-8150 ☞ 강남구 논현동 248-7 임피리얼팰리스호텔 2층
긴자 ☎ 537-0890 ☞ 서초구 서초동 1697-11
이즈미 ☎ 542-7171 ☞ 강남구 신사동 622-3
아오야마 ☎ 3442-4452 ☞ 강남구 청담2동 2-10
송로 ☎ 3773-1252 ☞ 영등포구 여의도동 20 LG트윈타워 동관 5층
몰타참치 ☎ 508-7861 ☞ 강남구 대치동 891-48 돌체타워 2층

일본식 선술집에서 한잔 **이자카야 메뉴**

'이자카야(居酒屋)'는 일본어로 선술집 혹은 대폿집이라는 의미다. 서민들이 흥겹게 한잔하는 곳으로 요즘 일본식 열풍의 근원지로 떠오르고 있다. 이자카야를 멀리서도 쉽게 알아볼 수 있는 건 '아카초친'이라는 이름의 붉은 등. 그 유래는 에도 시대(1603~1867)에서 비롯되었다는 설도 있고, 그보다 훨씬 이전인 나라 시대(710~784)라는 주장도 있다. 나라 시대였다면 백제인들이 이곳에 건너가 그 문화를 전파하지 않았을까?

이자카야에 가면 대개 비슷비슷한 인테리어를 접하게 된다. 특히 카운터에 있는 요상한 고양이 한 마리를 볼 수 있다. 이것이 바로 행운과 번성을 비는 '마네키네코(행운을 부른다는 고양이 장식물)'. 앞발로 사람을 부르는 모습을 한 고양이 장식물인데 자세히 보면 들고 있는 발이 가게마다 다르다. 오른발을 들고 있는 고양이는 금전운을 부르고, 왼발을 들고 있는 고양이는 손님을 부른다고 한다.

이자카야에서 운치있게 마시는 술, 사케는 일본어로 '술'을 의미하고 일본 내에서는 '니혼슈(日本酒)'로 부른다. 쌀로 빚은 청주인데 도수는 대략 15~17도로 부드럽다. 니혼슈는 종류만도 전국적으로 2천 가지가 넘고, 쌀의 종류와 산지 그리고 도정률에 따라 5등급으로 나뉜다.

다이긴조슈(大吟釀酒), 긴조슈(吟釀酒), 준마이슈(純味酒), 혼조조슈(本釀造酒), 후쓰우슈(普通酒) 등이 그것이다.

니혼슈에 쓰이는 쌀은 품종이 따로 있고, 정미해서 사용한다. 정미율은 쌀을 깎아내는 비율인데 정미율이 70%라는 것은 쌀을 30% 깎았다는 뜻. 이처럼 쌀을 정미하는 이유는 맛을 떨어뜨리는 쌀의 단백질 성분을 제거하기 위함이며 도정을 많이 할수록 맛과 향이 좋아진다. 좋은 니혼슈는 차갑게 해서 먹는다.

문타로 ☎ 796-7232 ☞ 용산구 한남동 683-129
꼬치구이의 다양함을 맛볼 수 있는 야키도리 전문점. 일본에 온 것처럼 분위기부터 떠들썩하게 손님과 주문을 받는 모습이 인상적이다. 다른 곳에서는 구경할 수 없는 대동맥 구이같은 특이 메뉴도 인기다.

쯔쿠시 ☎ 755-1213 ☞ 용산구 남영동 89-7
일본인 주방장 니시가와가 10년째 지키고 있다. 튀김과 고로케 류가 인기가 많다. 니혼슈도 80여 종에 이를 만큼 다양하다. 다만 가격대가 낮지는 않다.

와비사비 ☎ 324-6669 ☞ 마포구 서교동 330-13
와비사비(わびさび)란 일본의 문화적 전통 미의식, 미적관념의 하나이다. 투박하고 조용한 상태를 가리킨다. 모습은 투박하지만 넘쳐나는 손님들도 북적인다. 작은 선술집에서 오붓하게 먹는 느낌을 준다.

다이도코로 ☎ 792-7000 ☞ 용산구 한남동 28-12 우석빌딩 별관
천상 ☎ 749-2224 ☞ 용산구 한남동 737-4
천하 ☎ 325-9642 ☞ 마포구 상수동 86-35
이쯔모 ☎ 796-8743 ☞ 용산구 한남동 657-115
유다 ☎ 388-5081 ☞ 용산구 한남동 683-126
오무라안 ☎ 569-8610 ☞ 강남구 역삼동 829-2
미타니야 ☎ 797-4060 ☞ 용산구 이촌동 301-75 삼익상가 지하 2호

전 세계를 평정한 맛
중국 음식

지역마다 다른 맛
정통 중식

요즘 괜찮은 중국집에 가면 메뉴판에 한자 혹은 중국식 발음 그대로 요리 이름이 적혀 있는 경우가 있다. 그만큼 중국은 지역별로 다양한 요리가 있는데 통상 베이징, 상하이, 쓰촨, 광저우의 4대 지역 요리로 나누고 더 세분화해서는 8대 지역 요리로 구분한다. 실상 우리가 중국 음식을 먹을 때 몇 가지 한자만 알아도 음식의 요리 방법과 주재료를 알 수 있다. 중국 음식은 조리법+재료 순으로 요리 이름을 짓기 때문이다. 그렇다면 이번 장에서는 요리 이름만으로 입에 맞는 음식을 골라낼 수 있는 방법을 배워보는 게 어떨까.

조리법
차오(炒) 기름을 넣고 강한 불에 볶는 조리법
사오(燒) 양념을 넣어 하는 조리법
카오(烤) 불에 대고 직접 굽는 조리법
젠(煎) 재료가 프라이팬에 달라붙지 않을 정도로 최소량의 기름만 두르고 익히는 조리법
정(蒸) 흔히 찜이라 하며 끓는 물의 수증기를 이용해 익히는 조리법
바이쥐(白灼) 끓는 물에 재료를 삶는 조리법
자(炸) 튀김

주재료
러우(肉) 돼지고기
뉴러우(牛肉) 쇠고기
지(鷄) 닭고기
야(鴨) 오리고기
위(魚) 생선
샤(蝦) 새우
셰(蟹) 게
더우푸(豆腐) 두부

양념
장(醬) 짠맛을 내는 양념으로 간장, 춘장, 두반장 등을 일컫는 말
하오유(蠔油) 간장 대신 짠맛을 낼 때 쓰는 굴 소스
자오옌(椒鹽) 짜고 매운 소스로 자오(椒)는 후추, 옌(鹽)은 소금
탕추(糖醋) 새콤달콤한 소스로 설탕(糖)과 식초(醋)
마라(麻辣) 향신료의 일종이 산초가 들어간 것으로 마비(麻)될 정도로 매운(辣)맛
수이주(水煮) 물 한 방울도 들어가지 않고 기름, 고추, 산초가 듬뿍 들어간 매운 소스
체즈(茄汁) 토마토 케첩

크리스탈 제이드 ☎ 3288-8101
◎ 강남구 삼성동 159-8 그랜드인터컨티넨탈호텔 1층
정통 광둥 요리를 선보이고 있다. 1991년 설립된 회사로 싱가폴의 퀴진 그룹이다. 한국의 사업 파트너는 매일유업으로 크리스탈 제이드는 이미 8개 국가 11개 도시에 80개의 매장을 운영하고 있다.

팔선 ☎ 2230-3366 ◎ 중구 장충동2가 신라호텔 2층
중국의 장쩌민 전 주석이 본토보다 음식 맛이 더 낫다는 찬사를 보냈던 곳. 인테리어는 일본 디자이너 칸지 우에키의 작품으로 유럽과 미국, 일본 등에서 명품 레스토랑 디자인으로 유명하다.

도림 ☎ 317-7101 ◎ 중구 소공동1 롯데호텔 37층
도림은 다른 중식당에 비해 각국의 유명 현지 요리사를 초청한 음식특선을 자주 연다. 싱가포르, 대만, 중국의 특급 요리사들을 초대해 마치 외국에 나가 최고의 요리를 맛보는 기회를 제공한다.

도원 ☎ 310-7345 ◎ 중구 태평로2가 23 프라자호텔 3층
취홍 ☎ 3451-8273 ◎ 강남구 역삼동 602 리츠칼튼호텔
홍보각 ☎ 2270-3141
◎ 중구 장충동2가 186-54 소피텔앰배서더호텔 2층
이닝 ☎ 547-7444 ◎ 강남구 청담동 22-12
싱카이 ☎ 3783-0000 ◎ 중구 태평로1가 84 파이낸스센터 B2
백리향 ☎ 789-5741 ◎ 영등포구 여의도동 63빌딩 57층
루이 ☎ 736-8889 ◎ 중구 태평로1가 61-21

오랑캐의 머리에서 유래된
만두

우리가 설날에 떡국을 먹는다면 중국인들은 음력 정월 초하루에 반드시 물만두를 만들어 먹는다. 만두는 동양권에만 있는 음식은 아니지만 우리가 먹는 만두의 원형은 중국에서 들어온 것으로 보고 있다. 이탈리아의 라비올리, 인도의 사모사, 러시아의 피로시키 등도 만두라고 부를 수 있는 음식들이다. 우리 영화 '쌍화점'의 모티브가 된 고려가요 쌍화점도 바로 만두 가게를 의미한다. 쌍화는 만두의 일종인 '상화(霜花)'를 지칭하는 말이다.

중국에서 만두라 부르는 '만터우'에는 소가 들어있지 않다. 우리가 흔히 먹는 찐빵과 비슷하다. 우리가 먹는 만두와 비슷한 것은 '자오쯔(餃子)'와 '바오쯔(包子)'. 안에 소가 든 만두는 대부분 자오쯔이고 왕만두 같은 모양을 바오쯔라 한다. 만두의 기원에는 두 가지 설이 있는데 하나는 중국의 삼국 시대에 촉나라의 제갈공명이 남만을 정복하러 진군하다 풍랑이 심해, 수신(水神)에게 제를 지내고자 밀가루 반죽에 양고기와 돼지고기 등을 49개 사람 머리처럼 해서 올린 것을 만두의 시작으로 본다. 그래서 만두는 오랑캐의 머리라는 뜻인 '만두(蠻頭)'라고 불렸고, 오늘날의 '만두(饅頭)'가 되었다는 것. 다른 하나는 한나라 때 명의인 장중경이 교자를 처음 만들었다는 것으로 굶주린 백성을 치료하기 위해 양고기, 고추, 한약재를 삶은 뒤 밀가루로 반죽한 면피로 싸서 탕을 끓여 만들었다는 기록이 있다.

쟈니덤플링 ☎ 790-8830 ✎ 용산구 이태원동 130-3
쟈니덤플링은 작지만 맛은 중국 본토의 색을 잘 살렸다. 만두의 모양새부터 색깔 등이 무척 화려하다. 군만두는 바삭하면서 느끼하지 않다. 위는 촉촉하고 아래는 바삭하게 씹히는 맛이 일품이다. 물만두는 만두피가 두툼하다.

천진포자 ☎ 789-6086 ✎ 종로구 소격동 148-2
왕족이 즐겨먹던 중국 만두의 맛을 재현하고 있다. 하지만 가격은 저렴하고 서민적이다. 중국인 아주머니들과 주방장이 직접 만두를 빚는다. 미리 만들어 둔 만두가 떨어지면 영업이 끝난다.

취천루 ☎ 776-9358 ✎ 중구 명동1가 76-3
일제강점기 때부터 만두를 팔던 취천루는 3대째 70년 넘은 만두 전문점이다. 고기만두, 교자만두, 군만두, 물만두 네 가지 만두를 판다. 만두소는 돼지고기 만두와 쇠고기 만두로 나뉘는데 정통 중국식 만두에서 한국인 입맛에 맞게 변형되었다.

홍복 ☎ 323-1698 ✎ 마포구 연남동 226-23
향미 ☎ 333-2943 ✎ 마포구 연남동 228-26
신승관 ☎ 735-9955 ✎ 중구 북창동 73
신신원 ☎ 723-8854 ✎ 종로구 인사동 165-1
오향만두 ☎ 323-3749 ✎ 마포구 동교동 204-37
산동교자 ☎ 778-4150 ✎ 중구 명동2가 105
오구반점 ☎ 2267-0516 ✎ 중구 을지로3가 5-9

마음에 점을 찍는다
딤섬

16g의 딤섬 속을, 5g의 얇은 딤섬 피에 18개의 주름을 일일이 손으로 잡아 만든 샤오룽바오. 그리고 거기에서 배어 나오는 육즙의 풍미야말로 진정한 딤섬의 맛이라 할 수 있다. 딤섬을 한자로 쓰면 점심(点心)이다. 해석을 하면 상당히 시적인데 '마음에 점을 찍는다' 또는 '마음을 어루만진다' 라는 뜻이다. 국내에서는 딤섬을 흔히 만두의 일종으로 여기지만 중화권에서는 딤섬과 만두를 별개의 음식으로 친다. 딤섬은 간단한 음식 혹은 간식, 디저트, 에피타이저 정도로 생각하면 좋다. 3천 년 전, 중국 남부 광둥 지방에서 유래했고 코스 요리의 중간 식사로 먹었다는 딤섬은 홍콩에서는 전채 음식으로 통한다.

딤섬의 종류는 현재 약 2백여 가지나 된다. 딤섬은 중국 고대 농경 사회에서 비롯된 음식. 농부들이 하루의 고된 농사일을 마치고 삼삼오오 모여서 차를 즐기며 담소하는 것으로 하루의 피로를 풀었는데, 이때

차와 곁들여 먹게 된 것이라고 한다. 먹는 순서는 담백한 것부터 시작해서 단맛이 나는 순서로 먹는 것이 좋다.

모양에 따라 부르는 이름이 다른데 작고 투명한 것은 '교(餃)', 껍질이 두툼하고 푹푹한 것은 '파오(包)', 통만두처럼 윗부분이 뚫려 속이 보이는 것은 '마이(賣)'라고 한다. 조리방법에 따라서는 '젱(烝, 찜 요리)', '주우(煮, 삶은 요리)', '자아(炸, 튀김 요리)', '지엔(煎, 부침 요리)' 등으로 나눈다. 또한 대나무 통에 담아 찌는 방법부터 기름에 튀기는 것, 죽처럼 떠먹거나 국수처럼 말아먹는 방법 등 다양하다.

딘타이펑 ☎ 771-2778 중구 명동2가 104
1958년 대만에서 노점상으로 시작한 딘타이펑. 뉴욕 타임스 선정 세계 10대 레스토랑 반열에 올랐다. 샤오롱바오를 먹을 때는 뜨거운 육즙에 입천장이 데지 않도록 조심해야 한다.

난시앙 ☎ 3446-0874 강남구 청담동 116-3 코모빌딩 2층
샤오롱바오 즉 소룡포는 상하이 요리의 꽃이라 불린다. 이를 위해 중국 본토 요리사들이 직접 조리해 8가지의 다양한 소룡포를 내놓고 있다.

아시아떼 ☎ 2018-0906 강남구 역삼동 825-2 메리츠타워 B1
도림 ☎ 317-7101 중구 소공동 1 롯데호텔 37층
차이나팩토리 ☎ 2061-1366 양천구 목동 917-1 기독교방송국 1층
얌차이나 ☎ 562-0779 강남구 삼성1동 160 현대산업개발빌딩 B1
웨스턴차이나 ☎ 795-3654 용산구 한남동 263-10
꽁시면관 ☎ 778-8863 중구 충무로1가 22-13

세계 4대 요리로 불리는
타이 요리

타이의 음식은 다섯 가지 기본적인 맛을 위주로 한다. 단 맛, 향이 강한 맛, 신 맛, 쓴 맛, 짠 맛이 어우러져 있다. 타이 음식에 보통 쓰이는 재료로는 마늘, 고추, 라임 주스, 레몬그라스, 생선 소스 등이 있다. 주식은 쌀, 특히 다양한 자스민 쌀(홈 말리 쌀)이며 거의 매 끼니에 포함된다.

태국 음식은 10여 년 전부터 전 세계적으로 인기를 끌고 있는데 정부와 왕실의 강력한 지원과 웰빙식이라는 자부심이 그 저변에 깔려 있다. 태국 음식은 저칼로리, 저콜레스테롤 건강식으로 지방이 적고 식이 섬유가 풍부한 것이 특징. 태국 음식에 들어가는 향신료는 인체의 면역 체계를 강화하는 데 탁월한 효능이 있다. 중국의 볶음 요리, 인도의 커리, 프랑스의 구이 요리 등이 결합된 퓨전 요리로 중국, 프랑스, 이탈리아 요리와 함께 세계 4대 요리로 통한다.

태국의 쌀국수 중 유명한 '팟타이'가 있는데 '팟(phat)'은 타이어로 '볶는다'는 뜻. 또한 '카오(khao)'로 시작하는 요리는 모두 쌀과 연관이 있다. 세계 3대 수프 중의 하나인 '똠얌꿍'은 매운맛과 단맛, 짠맛, 신맛이 동시에 느껴지는 별미로 '똠(tom)'은 끓이다, '얌(yam)'은 새콤한 맛을 뜻한다. 새우를 넣으면 똠얌꿍, 닭고기를 넣으면 똠얌카이가 된다.

타이오키드 ☎ 795-3338 ✆ 용산구 한남동 736-9 3층
태국 최대의 호텔 그룹인 베이욕(Baiyoke) 호텔에서 파견한 요리사가 태국의 맛을 선보인다. 1996년 시작했고 메뉴가 100가지가 넘는다. 메뉴판에 재료 및 조리법에 대한 설명이 사진과 함께 있어 처음 가도 편하게 식사를 할 수 있다.

애프터더레인 ☎ 3446-9375 ✆ 강남구 청담동 92-16
얼마 전 태국 정부로부터 정식 태국 레스토랑 인증을 받은 곳 중 하나이다. 태국 현지 요리사들을 채용해 본토의 맛을 전하고 있다. 태국 요리에 맞는 200여 종의 와인도 함께 마실 수 있다.

부다스밸리 ☎ 793-2173 ✆ 용산구 이태원동 673
태국 현지에서 10년 넘게 일했던 셰프를 데려와 태국 본토맛을 선보인다. 한국인들이 향신료에 약해서 고수를 덜 넣는 편이라 한다. 셰프가 추천하는 음식은 팟 퐁 가리로 해산물과 야채를 커리와 계란으로 볶아낸 요리다.

아한타이 ☎ 783-2204 ✆ 영등포구 여의도동 13번지 진미파라곤 B1
파타야 ☎ 793-4888 ✆ 용산구 이태원동 116-14
리틀타이 ☎ 3783-0770 ✆ 중구 태평로1가 84 파이낸스빌딩
싸와디 ☎ 363-7897 ✆ 서대문구 창천동 5-31
타이가든 ☎ 792-8836 ✆ 용산구 한남2동 737-24
마이타이 ☎ 794-8090 ✆ 용산구 이태원동 123-18
란나타이 ☎ 782-8284 ✆ 영등포구 여의도동 43-4

유럽 미식의 정점
프렌치 푸드

'프렌치 패러독스'라는 말이 있다. '프랑스의 모순'이라고 하는데 이들이 먹는 크루아상, 버터, 크림, 푸아그라 등의 음식들은 매우 기름져서 순환계 질병을 유발하기 쉽다. 그런데도 프랑스인들은 심혈관계 질환률이 매우 낮다. 여기에서 프렌치 패러독스가 나왔는데 세계의 많은 연구팀들은 프렌치 패러독스의 이유를 와인으로 지목했다.

규칙적으로 하루 한 두잔 정도의 와인을 마시면 지방의 피해를 줄여주고, 비타민과 미네랄이 풍부해 스트레스를 억제하며 소화를 도와 노화 방지 효과를 준다는 것. 물론 레드 와인에 한해서다. 그리고 식사 시간을 보통 1시간에서 2시간 가까이 여유있게 즐기는 삶의 태도도 프랑스 식문화의 특징이다.

프랑스에는 〈미슐랭 가이드〉라는 유명한 레스토랑 가이드북이 있다. 본래는 '미쉐린 타이어사'가 자동차 여행을 활성화시키기 위해 만든 것으로 현재는 세계 각지에서 레스토랑을 평가하는 최고의 가이드북으로 인정받고 있다. 별점 3개가 만점으로 3개의 별을 받으면 업계에서 최고의 대우를 받는다. 얼마 전 미슐랭 가이드에서 별 세 개를 받았던 피에르 가니에르가 서울에 레스토랑을 오픈해 화제가 된 바 있다.

피에르가니에르서울 ☎ 317-7181 ✆ 중구 소공동 1 롯데호텔 신관 35층
신이 즐기는 요리, 요리계의 피카소, 식탁의 시인…. 경의에 가까운 찬사를 받으며 프랑스 요리의 지존으로 통하는 피에르 가니에르가 오픈한 곳. 식재료의 조직과 질감을 과학적으로 분석한 조리법을 바탕으로 선과 색을 살린 예술적 감각의 요리를 선보이고 있다. 베르사유 궁전의 비밀정원을 모티브로 삼아 프랑스 유명 인테리어 디자이너 올리비에 가니에르가 설계했다.

팔레드고몽 ☎ 546-8877 ✆ 강남구 청담동 118-10
'고몽의 성' 이라는 의미로 고몽은 프랑스의 유명한 영화제작자 이름이다. 사장이 건물을 2년 여에 걸쳐 직접 지었다고 한다. 고기만 굽는 전문 요리사가 있을 정도로 최상의 맛과 서비스를 제공한다.

르쌩떽스 ☎ 795-2465 ✆ 용산구 이태원동 119-28
어린왕자의 작가 생떽쥐베리 이름을 따서 만들었다. 프랑스 가정식을 내놓아 인기를 얻고 있다. 한국 내 프랑스인들에게는 고향같은 맛을 제공한다고 알려져 있다. 주말 브런치 세트가 인기가 많다.

나인스게이트 ☎ 317-0366 ✆ 중구 소공동 87 웨스틴 조선호텔 1층
테이블34 ☎ 559-7631
 ✆ 강남구 삼성동 159-8 그랜드인터컨티넨탈호텔 34층
아꼬떼 ☎ 577-1044 ✆ 강남구 도곡동 417-2
봉에보 ☎ 3785-3330 ✆ 용산구 한남2동 686-1
루카511 ☎ 540-6640 ✆ 강남구 청담동 104-14 청담빌딩 1층
줄라이 ☎ 534-9544 ✆ 서초구 반포동 577-20
레쓰아 ☎ 517-6034 ✆ 강남구 삼성동 65

Plus Page
별미를
맛볼 수 있는
한식 전문 식당 리스트

갈치국 | **한라의집** ☎ 737-7484 ☞ 종로구 당주동 20-2

갈치조림 | **희락** ☎ 755-3449 ☞ 중구 남창동 34-33

왕성식당 ☎ 752-9476 ☞ 중구 남창동 34-49

고래요리 | **고래불** ☎ 556-3677 ☞ 강남구 역삼동 828-53

기사식당 | **명문기사식당** ☎ 420-3962 ☞ 송파구 삼전동 133-13

쌍다리기사식당 ☎ 743-0325 ☞ 성북구 성북동 109-2

송림기사식당 ☎ 457-5473 ☞ 광진구 자양동 227-136

성북동돼지갈비집 ☎ 764-2420 ☞ 성북구 성북동 114-2

남산기사식당 ☎ 318-2868 ☞ 중구 회현동 1가 산1-19

김치말이 | **눈나무집** ☎ 739-6742 ☞ 종로구 삼청동 20-8

꼬리찜 | **순흥집** ☎ 2265-0953 ☞ 중구 을지로4가 153

꽃게찜 | **맹순이꽃게찜** ☎ 3661-6570 ☞ 강서구 발산동 646

닭곰탕 | **닭진미** ☎ 753-9063 ☞ 중구 남창동 34-139

닭발 | **현고대닭발** ☎ 923-1625 ☞ 동대문구 제기동 67-64

닭볶음탕 | **마포나루** ☎ 712-6822 ☞ 마포구 도화동 563 대림아크로타워 B1층

흥부가 ☎ 2269-8110 ☞ 종로구 관수동 40

성너머집 ☎ 764-8571 ☞ 성북구 성북동 226-64

닭칼국수 | **진할매원조닭한마리** ☎ 2275-9666 ☞ 종로구 종로5가 265-22

닭꼬치 | **호수집** ☎ 392-0695 ☞ 중구 중림동 61-1

도가니탕 | **부영도가니탕** ☎ 730-9440 ☞ 종로구 삼청동 27-14

동태국 | **연지얼큰동태국** ☎ 763-9397 ☞ 종로구 종로5가 12-7

떡 | **삼대남문떡집** ☎ 741-7990 ☞ 종로구 낙원동 65-1

동병상련 ☎ 391-0077 ☞ 종로구 평창동 323-4 백상빌딩 3층

종로떡집 ☎ 730-8829 ☞ 종로구 낙원동 280-4

떡갈비 | **수빈** ☎ 307-9979 ☞ 서대문구 홍은동 405-11

멍게젓비빔밥 | **충무집** ☎ 776-4088 ☞ 중구 다동 140

배춧국 | **내강** ☎ 777-9419 ☞ 중구 다동 172

백숙 | **성북동누룽지백숙** ☎ 764-0707 ☞ 성북구 성북2동 281-1

　　　　사랑방칼국수 ☎ 2272-2020　☜ 중구 충무로3가 23-1
　　　　미스박 ☎ 3443-2221　☜ 강남구 청담동 97-8
　　　　마령농장 ☎ 3445-9902　☜ 강남구 논현2동 99-7
보신탕 | 싸리집 ☎ 379-9911　☜ 종로구 구기동 67-11
　　　　보원집 ☎ 355-9518　☜ 은평구 역촌1동 13-4
　　　　평양옥 ☎ 363-6625　☜ 서대문구 미근동 31-11
　　　　동막골보신탕 ☎ 730-8889　☜ 종로구 체부동 23-1
　　　　불광집 ☎ 744-5777　☜ 은평구 대조동 15-139
　　　　장수집 ☎ 882-1490　☜ 관악구 행운동 858-3
　　　　재령집 ☎ 777-3565　☜ 중구 다동 121-6
　　　　유성집 ☎ 765-0807　☜ 종로구 낙원동 148
빵 | 미루카레 ☎ 3143-7077　☜ 마포구 서교동 335-16
　　악소 ☎ 794-1142　☜ 용산구 한남동 72-1 금호리첸시아빌딩 1층 109호
　　　브레드토크 ☎ 771-3018　☜ 중구 을지로2가 199-46
사찰음식 | 감로당 ☎ 3210-3397　☜ 종로구 화동 87-1
　　　　산촌 ☎ 735-0312　☜ 종로구 관훈동 14
　　　　아승지 ☎ 832-7595　☜ 영등포구 신길동 223-17
생선구이 | 대림식당 ☎ 739-1665　☜ 종로구 청진동 300
　　　　대풍생선구이 ☎ 518-7357　☜ 서초구 잠원동 29-9
육개장 | 피양할머니 ☎ 545-5801　☜ 강남구 논현동 232-13
오삼불고기 | 해남갈비 ☎ 795-8428　☜ 용산구 한남동 78
육회 | 자매집 ☎ 2274-8344　☜ 종로구 종로4가 177
　　　　백제정육점 ☎ 762-7491　☜ 종로구 효제동 155
　　　　호남집 ☎ 2295-0118　☜ 성동구 마장동 761-8
　　　　육회본좌 ☎ 544-6659　☜ 강남구 논현동 101-24 은산빌딩 101호
제육볶음 | 구성집 ☎ 337-9914　☜ 마포구 서교동 365-14
찜닭 | 진남포면옥 ☎ 2252-2457　☜ 중구 신당3동 368-89
　　　　안동고추찜닭 ☎ 592-1125　☜ 동작구 사당2동 139-88

처갓집 ☎ 2235-4589 ✆ 중구 신당2동 432-117
팥빙수 | **밀탑** ☎ 547-6800 ✆ 강남구 압구정동 429 현대백화점 5층
태극당 ☎ 2279-3152 ✆ 중구 장충동2가 189-5
가미분식 ☎ 364-3948 ✆ 서대문구 대현동 54-1
해신탕 | **동해별관** ☎ 364-4222 ✆ 서대문구 냉천동 20-1
홍합밥 | **청수정** ☎ 738-8288 ✆ 종로구 삼청동 88-23

Plus Page
매워도 다시 한 번!
매운 요리 전문 식당 10선

나정순할매쭈꾸미 어떤 이는 이 집 주꾸미를 먹고 매운 맛 빼면 어떤 맛도 느껴지지 않는다고 말할 정도다. 먹다가 눈물을 흘리는 광경을 심심찮게 목격할 수 있다. 게다가 속을 달래줄 달걀찜, 동치미 국물도 없다. ☎ 928-0231 ✉ 동대문구 용두동 119-20

마산해물아구찜 통나무식당으로 유명한 이곳은 한 번 빠지면 헤어나기 힘들다. 아귀찜을 이곳에서 처음 먹어보고 다른 곳에 가면 후회를 하게 만드는 집이다. 일찍 가도 자리잡기 힘든데 안국동 헌법재판소 뒤에 2호점이 있다. ☎ 763-7494 ✉ 종로구 낙원동 45-3

불이아 이곳은 중국의 훠궈를 판다. 훠거는 중국식 샤브샤브로 태극문양으로 둘로 나뉘진 솥에 고기와 채소 등을 넣어 끓여 먹는다. 홍탕과 백탕으로 구분하는데 홍탕은 생각보다 훨씬 맵다. ☎ 335-6689 ✉ 마포구 동교동 161-1

온돌집 매운 맛의 정도를 선택할 수 있는 매운갈비찜으로 유명하다. 매운 단계는 4단계로 덜 매운, 매운, 아주 매운, 무진장 매운 등이다. 양념은 청양고추를 비롯한 여러 고추를 섞어 만들었다. ☎ 521-2104 🏠 서초구 서초1동 1434-12

완차이 완차이는 홍콩의 한 지명으로 아주매운홍콩홍합이라는 요리가 유명하다. 홍합에 고추가루가 더덕더덕 붙어있다. 땀을 흘리느라 매운 맛에 기절할 시간도 없다.
☎ 392-7744 🏠 서대문구 창천동 5-35

이강순실비집 현재의 주인 이강순씨가 1993년 낙지볶음의 원조 박무순 할머니의 실비집을 인수해서 1998년 지금의 이름으로 상표 등록을 했다. 실비집은 싸게 먹을 수 있다는 의미라고 한다. 처음부터 계산할 때까지 매운 게 이 집의 특징이다.
☎ 732-7889 🏠 종로구 종로1가 24 르메이에르빌딩

틈새라면 명동의 터줏대감으로 라면 전문점으로서는 가히 혁명적이다. 빨계떡이 유명한데 빨갛고, 달걀 넣고, 떡이 들어갔다고 해서 붙여진 이름이다. 주인장이 술을 좋아해서 속풀이 라면으로 개발했다가 대박이 났다. 후식으로 달달한 골랍을 먹어보는 것도 좋다. ☎ 756-5477 🏠 중구 명동2가 3-2

페르시안궁전 한국에서 공부하던 이란 유학생이 이란 커리에 한국 맛을 절묘하게 배합해 만들었다. 매운 정도를 선택할 수 있는데 2단계부터 10단계까지 있다. 5단계 이상 주문하려면 특별히 주방장과 상의를 해야 한다. ☎ 763-6050 🏠 종로구 명륜2가 121-1

해주냉면 이 집은 물냉면도 맵게 먹을 수 있도록 양념장을 테이블마다 비치해 두었다. 매운 것을 잘 못 먹는 사람이라면 이곳을 찾을 때 한 번 더 생각할 것! 마늘, 양파, 고추를 비롯한 10가지 양념이 들어가 지독히 매운 맛을 낸다. ☎ 424-7192 🏠 송파구 잠실본동 183-4

홍미닭발 욕쟁이 할머니 닭발집이다. 전국 닭사모(닭발을 좋아하는 모임)들도 맵다고 인정한 집이다. 닭발뿐 아니라 오돌뼈, 매운모래집도 얼얼하게 맵다.
☎ 2697-4996 🏠 강서구 화곡동 1118-18

맛집
내비게이션

초판 2쇄 2010년 6월 30일

지은이 김도연

발행인 이헌상
사진 이정민
진행 F · Book(02-335-3012)
디자인 All design(02-776-9862)
마케팅 서선교
출력 넷프로세스
인쇄 미래프린팅

발행처 펜하우스
주소 서울시 마포구 공덕동 463 현대하이엘 1728호
전화 02-6353-2353
팩스 02-6353-2383
등록 2007년 3월 15일 제 22-3098호

값 10,000원
ISBN 978-89-961249-8-6 13590

ⓒ 김도연, 2009

이 책은 펜하우스가 저작권자와의 계약에 의해 발행한 것이므로 본사의 허락 없이 어떤 형태나 수단으로도 이용하지 못합니다.

잘못된 책은 구입처에서 바꾸어드립니다.

Index

ㄱ
간장게장 ···· 102
갈비 ···· 60
갈치국 ···· 223
감자탕 ···· 62
고래요리 ···· 223
곰탕 ···· 64
곱창 ···· 66
국밥 ···· 14
기사식당 ···· 223
김밥 ···· 16
김치말이 ···· 223
김치찌개 ···· 18
꼬리찜 ···· 223
꽃게찜 ···· 223

ㄴ
낙지 ···· 104
냉면 ···· 134

ㄷ
닭곰탕 ···· 223
닭발 ···· 223
닭볶음탕 ···· 223
닭칼국수 ···· 223
닭꼬치 ···· 223
대구탕 ···· 106
도가니탕 ···· 223
돈가스 ···· 200
동태국 ···· 223
된장찌개 ···· 20
돼지갈비 ···· 70
돼지고기구이 ···· 72
딤섬 ···· 212
떡 ···· 223
떡갈비 ···· 223
떡볶이 ···· 22

ㄹ
라면 ···· 138

ㅁ
막국수 ···· 140
만두 ···· 24
멍게젓비빔밥 ···· 223
메밀국수 ···· 142

ㅂ
배춧국 ···· 223
백반 ···· 26
백숙 ···· 223
보신탕 ···· 224
보쌈 ···· 74
복어 ···· 108
부대찌개 ···· 28
분식 ···· 30
불고기 ···· 78
브런치 ···· 181
비빔밥 ···· 34
빵 ···· 224

ㅅ
사찰음식 ···· 224
삼계탕 ···· 80
샤부샤부 ···· 82
샌드위치 ···· 183
생태찌개 ···· 112
설렁탕 ···· 84
쇠고기구이 ···· 86

Index

수제비 ···· 36
순대 ···· 38
순두부 ···· 40
스테이크 ···· 90
쌈밥 ···· 42

ㅇ

아귀찜 ···· 114
에스닉푸드 ···· 169
오리고기 ···· 92
오삼불고기 ···· 224
우동 ···· 146
육개장 ···· 224
육회 ···· 224
이자카야 메뉴 ···· 204
이탈리안 푸드 ···· 186
인도 정통 요리 ···· 193
일본 라멘 ···· 148

ㅈ

자장면 ···· 150
잡어회 ···· 116
장어 요리 ···· 120
제육볶음 ···· 224

족발 ···· 94
주꾸미 ···· 122
죽 ···· 44
중국 만두 ···· 210
중식 ···· 207
짬뽕 ···· 154
찜닭 ···· 224

ㅊ

채식 메뉴 ···· 172
청국장 ···· 48
초밥 ···· 197
추어탕 ···· 124
치킨 ···· 98

ㅋ

카이세키 요리 ···· 202
칼국수 ···· 156
커리 ···· 191
커피 ···· 176
콩국수 ···· 158
콩나물국밥 ···· 50

ㅌ

타이 요리 ···· 216

ㅍ

파스타 ···· 162
팥빙수 ···· 225
프렌치 푸드 ···· 220

ㅎ

한식 국수 ···· 164
한정식 ···· 54
해물탕 ···· 128
해신탕 ···· 225
해장국 ···· 56
햄버거 ···· 178
홍어 요리 ···· 130
홍합밥 ···· 225